JN270260

本を出したい人の教科書

ベストセラーの秘密がここにある

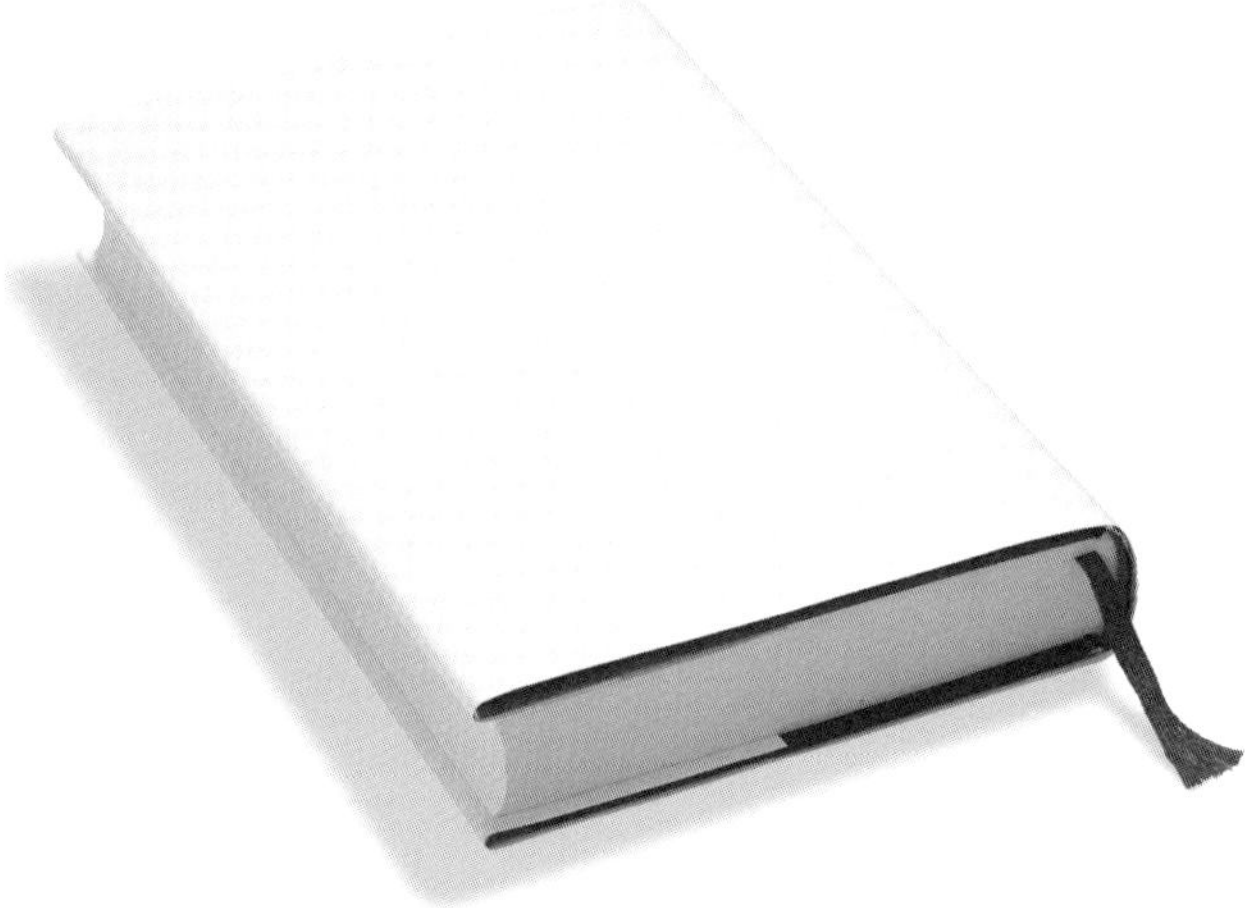

吉田 浩
Yoshida Hiroshi

講談社

出版に寄せて

本田 健

吉田浩さんは、出版界に関わってもう30年になります。

先日、「吉田浩さんの30周年を祝う会」に出席させていただきましたが、会場には、出版界のみならず、各界で活躍している方が数百名も全国からお祝いに駆けつけていました。その顔ぶれを見て、吉田さんはこれまで出版界で大活躍してこられたのだなぁとつくづく感じました。

これまでに吉田さんが携わった本は、すべて合わせると1600冊もあるそうですが、そのすべてにドラマがあります。

著者の方もたくさんいらしてましたが、会場を埋め尽くした人々の笑顔を見て、吉田さんのこれまでの仕事のクオリティの高さを感じました。

私は、本を書き始めて、今年でようやく12年目に入るところですが、折に触れて、吉田さんにいろんなことを教えていただいています。

30年の経験が詰まった膨大なデータベースから一瞬で出てくる洞察の深い言葉には、いつも驚かされます。

「それは、売れやすいテーマですね」と言った後、これまでベストセラーになった本のタイトル、著者名、部数がコンピューターのようにすらすらと口をついて出てくるのですから、びっくりします。

吉田さんは、知性面だけでなく、感情面も大切にする人です。

著者がどうしてその本を書こうと思ったのか、動機が大事だと言うのです。

その動機が自分のためでなく多くの人のためであれば、その本は売れやすいと言います。著者には、クールな知性と熱いハートの両方がないといけないというのは、吉田さんの出版に対する理念なのでしょう。

これまで、売れる本だけでなく、社会に必要な本も数多く出してきた吉田さんですが、ときには、売れなくて利益にならない本も世の中に出しています。

「出版は、社会的事業なので、少数の人にしか届かなくても出さなければいけない本がある」という言葉にしびれました。

私も本当にそのとおりだと思いますが、現在の出版不況の中では、なかなかそういうことを実行できる人はいません。

それは、数々のベストセラーを連発する実力があって、初めて言えることなのかもしれませんが、そういう両面を持っている出版人がいることに、私は安堵感を覚えます。

私は、34歳から本を書き始めましたが、それまで、本を書くという大それたことは想像もしたことがありませんでした。

しかし、伝えたい世界のイメージははっきりしていたので、文章を書くスキルの問題はあったものの作家としてデビューすることができました。

本らしきものを書きながら、「自分にできるはずがない」という気持ちと、「自分には伝えたいことがある」という気持ちの間を行き来して、ずいぶん苦しみました。

途中で、何度もめげそうになったことをはっきり覚えています。

皆さんも、たぶん同じような道をとおると思いますが、私と皆さんとの大きな違いは、この本を事前に読めることです。

出版を考える人にとって、この本は、これから登る山がどんなものなのかが理解できる、「登山ガイドブック」のようなものです。

ぜひ、優秀な「シェルパ」の吉田さんに、本の楽しさ、すばらしさ、怖さをワクワクドキドキしながら、教えてもらってください。

きっと、これからの作家活動の大きな助けになると思います。

では、皆さんの本が形になって、ベストセラーになることをお祈りしています。

本を出したい人の教科書　目次

出版に寄せて　本田 健 …… 1
14歳の女の子がのちの総理大臣にインタビューして出版 …… 18
その本はどれだけたくさんの人を幸せにするか？ …… 20
出版のスイッチを入れよう …… 22
「この子は二十歳まで生きられません」 …… 26

第1章……「いい本」とは何か？
——「いい本」はあなたの人生を豊かにしてくれる

■「いい本」とは何か？
「いい本」は百人百様 …… 30
■「売れない本は犯罪です」
売れなくても出す意義がある「使命本」 …… 34

■「いい本」とは読者を幸せにする本のこと
「いい本」を書いて一番幸せになるのは作家 …… 38
■だれも責任を取らない「仲良しこよし本」
本は多数決で作ってはならない …… 40
■何かを「教える」とき、人は一番幸せを感じる
なぜ、人は本を書くのか？ …… 44

第2章……テーマとＵＳＰの発見
――だれでも人生のテーマを持っている

■自分の価値は自分ではわからない
最も身近なところに本のテーマは眠っている …… 48
■一流の作家は人生のどこかで圧倒的な体験をしている
「人生のターニングポイント」はいつか？ …… 52

■だれでもプロになれる「1万時間の法則」
現代人はスキルを磨くことができない……56
■ビジネスコーチ、カウンセラー、弁護士は本が出せる
人と関わる職業の人は出版に向いている……60
■「いい本」を書くためには「授業料」を払わなくてはならない
エッセイストは1万円稼ぐために100万円使う……64
■「半径3メートルの本」ならだれでも書ける
本のテーマはごく身近にある……68
■椅子を買いに来たお客さんが椅子を買わない理由
本のテーマはたったひとつあればいい……72
■パチンコに1億円使った社長の「あたりまえ」
USPの見つけ方……76
■USPマジカルシートで企画書を売り込む
あなたの企画書の「強み」は何か?……80

第3章……本を書く準備、ネタ集め
——なぜ、本を出せる人と出せない人がいるのか？

■その本の作家はだれか？　読者はだれか？
出版プロデューサーと編集者は視点が違う……84
■編集者とのつきあい方
常識のない作家が多い……86
■本は「集中時間」に書く
いつ本を書いたらよいのか？……90
■自分との約束を破る人は本が書けない
本を書くための「時間作り」と「場所選び」……94
■本はひとりで書く孤独な作業ではない
ネタの集め方はどうするのか？……97

■ぞうりむしが「行動しなさい」と教えてくれた
情報は取りに行かなければ得られない……100
■作家は本を書いているとき「作家脳」になっている
「カラーバス効果」で本のネタを集める……104
■古本屋に行くとベストセラーの周期がわかる
売れる本の未来予測……108
■「取材拒否」が「取材歓迎」に変わる質問力
取材をするときの裏技を教えます……110
■「いい本」は1％の積み重ねで作る
ひと手間の積み重ねで「幸せな人生」が手に入る……114

第4章……間違いだらけの本作り
——9割の作家が間違った本作りをしている

■今すぐ売れる本は書いてはならない
「今すぐ売れる」は「今すぐ消える」…… 118
■1冊の本のテーマはひとつだけ
本作りの3つのシンプルルール…… 122
■登山をするときに3つしか持っていけなかったら?
本は「戦略」「戦術」「ターニングポイント」で作る…… 125
■書きたい本・書ける本が見つかる5つの輪
本を書くテーマの見つけ方…… 130
■あなたの夢はたった3種類しかない
最後まで本を書くコツは「属性」を知ること…… 135

■「ヒーローズマーケティング」で愛される人になる
魅力的なプロフィールはN字グラフで作る …… 138
■あなたはカリスマ？　大家？　職人？
人生のポジショニング …… 142

第5章……企画書作りのルール
―― 知っているようで意外と知らない企画書の書き方

■初めておつかいにいく子どもは不安になる
黄金の企画書の書き方 …… 148
■タイトルは視覚効果、0・3秒でわかること
タイトル、サブタイトル、キャッチコピーのルール …… 152
■本のタイトルには「新奇性」と「共感性」が必要
「グランドルール」について …… 156

■「企画意図」に「作家の意図」を書いてはならない
企画意図には金・銀・銅メダルがある……158
■読者ターゲットは「浅掘り」か「深掘り」か？
「潜在読者」という第3の読者……160
■売り込みができる人、できない人
企画書の売り込みは自分に合ったタイプを選ぶ……164

第6章……文章テクニック
——文章は「名文」ではなく「明文」で書く

■マイブーム文章上達法
熱中していることならどんどん書ける……172
■「名文」ではなく「明文」で書く
文章作法……175

■小学校の「作文」と大人の「本」を比べてみたら
「形式段落」と「意味段落」の違い……178
■「だ・である調」と「です・ます調」あなたはどっち？
文章には、常体と敬体の2種類しかない……181
■本は「わかりやすくの法則」で書く
ヘタをうまいに変える3つの心がけ……184
■最初の3行、最後の3行をうまく書け
ヘタをうまいに変える5つの文章術……188

第7章……ベストセラーの分析
――ベストセラーは狙って作れるのか？

■なぜ、日本人は行列が大好きなのか？
日本人の民族性がベストセラーを作る……192

■昔のベストセラーは「富士山」、今は「スカイツリー」
なぜ、話題の本が１００万部売れるのか？……… 196
■「いい本」に欠かせない「5つの調味料」
ベストセラーは「タ行5段活用」から生まれる……… 199
■中学校の数学を応用してベストセラーを作ろう
「ベン図方式」なら狙ってベストセラーが出せる……… 202
■1×1×1はずっと1
ベストセラーは掛け算で生まれる……… 206
■作家に書きたい本を書かせるな
「逆算方式」でベストセラーを作り出す……… 210
■「敷居の低い本」は売れる
ベストセラーは本を読まない人が手に取ったとき生まれる… 214

第8章……夢をあきらめない、書き続ける
――「いい本」を出してからが作家人生のスタート

■吉本興業が教える「必ず芸人になれる方法」とは？
作家とはあきらめなかった人のこと …… 218
■「遠足で足の遅い子」が目的地に着いたら
信じ込む力が夢をかなえる …… 222
■「いい本」は必ず、だれかが見ている
すべての職業に共通する最高の営業とは？ …… 226
■時間もお金もかけないで「恋人」をほしがる人たち
本は作家の力で重版できる …… 230
■本を書いた100人が100人とも言うこと
人生の新しい目標が見えてきた …… 233

■地方にいる作家は「小さなクジラ」になろう
地方の作家はコミュニティを作れ……236
■ゴリラより怖い、わが師、寺村輝夫
作家は叱ってくれる師匠を持て……240
■本はこの世にいない人とも対話できる唯一の手段
これから生まれてくるだれかにも影響を与える……244
最後に……「いい本」に巡り合う人を増やしたい……248

本を出したい人の教科書

ベストセラーの秘密がここにある

14歳の女の子がのちの総理大臣にインタビューして出版

この本を手に取って下さった方へ、ありがとうございます。

出版プロデューサーの吉田浩です。

私は、30年前から自分で本を書き、1000人以上の作家の本作りをお手伝いしてきました。その中で、一番若い著者は14歳の女の子です。

あるとき、中学2年生の女の子が、「政治って何？　もっとわかりやすくならないの？　政治家にインタビューして答えを聞きたい」と思いました。周りの大人たちは、「そんなこと無理だよ。夢みたいなことを言わないで」と反対しました。

しかし、半年後、その夢は実現したのです。

彼女は、のちの総理大臣、安倍晋三氏をはじめ名だたる政治家にインタビューして本を作りました。そうしてできあがったのが、『14歳からの政治』（長谷部尚子著　ゴマブックス）という本です。

私は、この本の企画書を当時ゴマブックスの社長だった嬉《うれし》野《の》勝美《かつみ》さんに見てもらいました。すると、「おもしろいじゃないか」ということになり、とんとん拍子に話が進みました。

「日本の未来を担う中学生に、政治に興味を持ってもらいたいのです」と、出版社側から各議員に本の趣旨を説明してもらいました。

すると、あっさり、取材許諾が得られました。

こうして、ごく普通の中学校に通う平凡な女の子が、各党の党首、大臣や国会議員、知事や市長にインタビューして、いきなり本を作ってしまったのです。

この本は、単行本と文庫本を合わせて5万部くらい売れました。

14歳の女の子にできたことが70歳の高齢者にできないはずがありません。

年齢も、性別も、職業も関係なく、

だれもが不可能と思った夢が一瞬でかなう、これが出版の力です。

本を出版することはひとつの大きな成功体験です。中学生で初めて本を書いたこの小さな作家は間違いなく、今後の人生で多くの学びと豊かさを手に入れることでしょう。

その本はどれだけたくさんの人を幸せにするか？

私は、23歳で出版の世界に入り、自分自身でも童話や紙芝居を100冊書き、ビジネス書も100冊書き、30年間で約1600冊の本を作るお手伝いをしました。

これらの本はすべて、印税のもらえる「商業出版」です。

「私は、毎年、100冊の本作りをお手伝いしています」

こう言うと、ほとんどの人はびっくりしたり疑ったりしますが、本当のことです。

自慢するつもりも、自画自賛するつもりもありません。

私が直接、出版をプロデュースするのは、毎月3人までです。

これだけで、1年間で36冊の本を世の中に送り出していることになります。

また、私が会長を務めている出版のボランティア団体、NPO『企画のたまご屋さん』では、20人くらいの出版プロデューサーが、毎年総計40冊の本を著者と一緒に作っています。さらに、私が創立した「学生の学生による学生のための『出版甲子園』」でも毎年、数冊の出版が実現しています。

また、『ジャイアン出版塾』という「一生書き続ける作家」のための専門的な塾も主宰していて、ここからは毎年10人くらいの方が作家デビューしています。

さらに、私は毎月、全国各地で出版セミナーを行っていますが、こちらで把握しているだけで、年間50人くらいの方が出版企画書を書いて採用されています。

たとえば、２０１２年に作家の本田健さんと２人で行った八ヶ岳の出版合宿では、56人の受講生のうち18人が1年以内に本を出したり、企画書が採用になっています。

こうして数えあげてみれば、「年間１００冊の出版をお手伝いしている」というのは、じつは控えめな数字なのです。

私が本を作るときに一番大事にしている思いは、「その本はどれだけたくさんの人を幸せにするか」ということです。

本は、読者に大きな幸せをプレゼントします。

本は、あなたの人生を豊かにしてくれます。

そんなすばらしい本を、私と一緒に作ってみませんか？

出版のスイッチを入れよう

この本は、誰よりも「初めて本を書く人」に読んでもらいたい本です。


「本を書きたいけど、どう書けばよいかわからない」

という人に、「こうやって書いたらいいよ」と丁寧にアドバイスしている本です。

私が30年間かけて学んできた、本作りの基本から応用まですべてがわかります。

また、すでに作家デビューしている人が読んでも、

「なるほど、出版って、そういうことだったのか！」

と、初めて気づくこともあるはずです。なかには、

「しまった、今まで間違った方法で本を書いていた！」と慌てる人もいるでしょう。


この本では、主に「ビジネス書」の書き方を取り上げていますが、「小説」や「童話」「自伝」「ノンフィクション」を書きたい方が読んでも十分参考になると思います。

本を書く準備やネタの集め方、テーマ選びや文章の書き方、読者ターゲットの選定や作品の売り込みの方法まで、大事なことはほとんど共通しているからです。

「本は書きたい。でも、出版なんてできっこない」という人はとても多いですね。

しかし、これは初めての経験に尻込みしているだけです。

「テレビは観《み》るもの」と同じように「本は読むもの」と思っています。ほとんどの人は、「まさか自分が本を書くなんて」と、現実の選択肢にはなかなか入ってきません。

確かに、出版は大変です。

企画書を書いたり、出版社に売り込みしたり、原稿を書いたり……。

しかし、自分自身の中にある価値に気づき、本を出したいという情熱があれば、だれでも出版できるのです。

「できない」と思う人は、自分自身で壁を作っています。

逆に、「できる」と思う人の前には壁はありません。

たとえば、弁護士の子どもが、周囲の期待に応えて弁護士になったという話はよく聞きます。

医者の子どもも、やはり将来、父親の跡を継ぐことが多いですよね。

なぜ、いとも簡単に難しい国家試験をクリアしてしまうのでしょうか？

これは親を見ていて、自分も弁護士や医者になれると信じているからです。

「出版なんて、できないよ」と思っている人のスイッチは、ずっとＯＦＦになったままです。真っ暗闇の状態で何も見えません。

では、どうすればよいのでしょう？

簡単です。「出版のスイッチ」をＯＮにすればいいのです。

「電気のスイッチ」と同じです。

「パチン！」とスイッチを切り替えるだけで、電流が流れて、灯《あか》りが点《つ》きます。

今まで暗闇だったのが、パッと明るくなります。

そして、あなたの眼《め》には、今まで見えなかったものが見えてきます。

あなたは人に伝えられるものを持っています。
あなたが伝えるものに感動する読者がいます。
あなたは人を幸せにする力を持っていることに気づきます。
あなたの存在や考え方が世の中をよい方向に変えていきます。

私は大学時代、ゼミで古今東西の幸福論を学びましたが、どんな偉人の本を読んでも、人が幸せになるために必須な共通要素がひとつありました。

それは、「信じること」です。

信じるから行動できるし、行動するから望む未来が手に入るのです。

出版も同じです。まずは、あなたの心の奥底に眠っている可能性を信じてください。
そして、この本を読んでいるあなたにイメージしてもらいたいのです。
「パチン！」と、たった今、出版のスイッチが入った音を。

「この子は二十歳《はたち》まで生きられません」

私は日本で最初に「出版プロデューサー」を職業として名乗り、たくさんの書籍の制作に関わってきました。なぜ、私が出版の世界に入り、本作りのお手伝いを始めたのか、ちょっと自己紹介をさせてください。

私は新潟県の六日町（現・南魚沼市）という山奥の村に生まれました。

ここは豪雪地帯として有名で、毎年、雪が2メートルも積もります。

スキー場と温泉と田んぼしかないところです。

他に有名なのは「八海山《はっかいさん》」という全国ブランドのお酒と、第64〜65代の内閣総理大臣、田中角栄の選挙区だったことでしょうか。

私は生まれたときから先天性の病気があり、心臓に1センチほどの大きな穴が開いていました。「心室中隔欠損症」という病名です。

静脈と動脈の血が心臓の中で混ざり合い、正しく血液が体中に送られないのです。たまたま血管が穴をふさぐ形で覆っていて、死には至らなかったようです。病気が見つかったのは5歳のときで、地元の医者は「この子は二十歳《はたち》まで生きられないだろう」と言いました。

昔は確かにそうでした。しかし、昭和40年代にはすでに医療技術も発達していて、10歳で心臓の手術を受けたあと、私の心臓は回復し、今では人一倍元気です。

幼いころの環境はその後の人生に影響をおよぼします。

なぜ、私が自分で本を書いたり、他の作家の出版を手伝ったりするようになったのか、それは小さいころ心臓が弱かったために他の子どものように外を駆け回って遊ぶことができなかったからです。

村の子どもたちは、小学校1年生から6年生まで一緒に遊んでいました。よく、村はずれのお寺や神社の境内で、陣取り合戦やかくれんぼをして遊びました。ところが、私が走っている姿を見るといつも近所のおばちゃんたちは心配して、

「この子は心臓が悪いんだから、走らせたらダメだよ」

と、水を差すようなことを言うのです。そんなことが続けばだんだん友だちも誘っ

てくれなくなります。私は駆け回る友だちを横目にひとりで過ごす時間が多くなっていきました。

心臓の手術をするまでの数年間、また、入院中のベッドの中でも、私の唯一の友だちは、世界名作全集や日本の昔話などの本でした。本の世界では、すぐに疲れる体のことも、楽しみを邪魔してくる大人の存在も忘れて、私は自由に駆け回ることができました。現在、私が生きていられるのは、当時、勇気づけてくれたたくさんの本のおかげです。

私は、本に恩返しをしたいと思いました。

そこで大学を卒業してからたくさんの童話を書き、絵本や紙芝居を作り、さらにこの感動を他の方ともわかち合いたいと思い、本を書きたい人をプロデュースするようになったのです。

幼少期の「いい本」との出会いが私の人生を決定づけました。

「いい本」を必要としている人に届けたい。そんな「いい本」を1冊でも自分の手によって送り出したいと願って、私は生涯をかけて本作りに取り組んでいます。

第1章
「いい本」とは何か？

「いい本」はあなたの人生を豊かにしてくれる

「いい本」とは何か？

「いい本」は百人百様

本を出したい人に、私が最初に伝えたい、そして最も重要なことは、「いい本を書きましょう」ということです。

では、いったい、「いい本」とはどんな本のことでしょうか？

この本を書く前に私は、編集者30人、ビジネス作家40人、本好きの友人30人、合わせて１００人の方に「いい本」の定義を聞いてみました。

すると、答えは百人百様だったのです。１００人それぞれが他の人に薦めたいという本があるのですが、しかし、だれも「いい本」を定義づけられなかったのです。

「いい本」とは何か？　得られたのは、こんな回答でした。

知的好奇心を満たしてくれる本
人生を切り開く本
何度も読み返したくなる本
人にプレゼントしたくなる本
読むと元気になる本
両親に読ませたい本
その作家でなければ書けない本
エンターテインメントの本
空想をかき立てる本
問題解決のヒントが書いてある本
悩みを解決してくれる本
読みやすい本
親子3代で読める本
大きな感動を与えてくれる本
勇気を与えてくれる本
読むたびに新しい発見がある本
人に紹介したくなる本
病院のお見舞いに持っていける本
何年経っても古びない内容の本
オリジナリティのある本
笑わせてくれる、泣かせてくれる本
ハラハラドキドキする本
答えを教えてくれる本
真実が書かれている本
夢中になって一気に読める本
教科書に載るような本

ベストセラーになる本
ロングセラーになった本
翻訳される本
世界中に影響を与える本
常に手元に置いておきたい本
信頼できる情報が満載されている本
新しい価値観を教えてくれる本
知識を知能に変え、知能を知恵に変える本
理想の恋人のようなもの
だれかを幸せにする本

なぜ、「いい本」の定義が人によってこんなにも違うのでしょうか？

それは、本を読む人の目的がそれぞれ違うからです。
だから、「いい本」の定義もそれぞれ違うのです。

何度か出版講演会を一緒にやっていただいたサンマーク出版の社長、植木宣隆《うえきのぶたか》さんは、「本は、すべての生きものを生かす太陽の熱エネルギーを、想念のエネルギーに変えたもの」と教えてくれました。

サンマーク出版の名前の由来はそこから来ています。

確かに「いい本」は、文字から炎が噴き出ています。炎とはエネルギーのことです。そのエネルギーを吸収することによって、読者には大きな変化が起こり、転機が訪れます。

逆に「よくない本」のイメージですが、文字にふっと息を吹きかけると、「ほこりのように文字が舞い上がるような本」のことです。私はあまりにも中身が薄いと、「この本には活字が貼りついてないな」と思ってしまいます。

あなたが思う「いい本」とは何ですか？

テレビと本を比較した場合、そこに答えがあるかもしれません。

一方的に伝達される動画と違い、本の最大の長所は自分のペースで読み進めることができて、作品世界が無限に広がるということです。

また、どんな情報媒体より、「最も情報価値が高い」のは間違いなく本です。

「売れない本は犯罪です」

売れなくても出す意義がある「使命本」

一介の編集者からスタートし、自分で出版社を作ったリンダパブリッシャーズの社長、新保《しんぼ》勝則《かつのり》さんは、私にこう話してくれました。

「いい本とは売れる本のこと。売れない本は犯罪です」

この一言を聞いたとき、私は、脳天をガツンと殴られたような衝撃を受けました。出版社の経営は、本を売るというビジネスモデルのうえに成り立っているわけで、理想論だけではメシを食っていけません。

現実論から言えば、確かに「売れない本は犯罪」なのです。

「いい本」の大前提には「売れる」という要素が必要です。

売れない本を作った作家や編集者は、それを猛省しなければなりません。

では、売れない本は「よくない本」かと言うと、これはまた違います。発行部数が少ないため書店での露出が少なく、だれにも知られずに消えていった「いい本」はたくさんあります。

売れない本には2種類あります。

ひとつは、「売ろうと思って出版したけど、売れなかった本」

もうひとつは、「読者は少ないけれど、出版する意義がある本」です。

両者は「売れない」ということで結果は共通していますが、本を出す意図がまるで違います。後者は、確信犯なのです。

たとえば、難病で苦しんでいるのに認定患者の数が非常に少ない場合、その病気の研究をした解説書を出版してもほとんど売れません。しかし、「情報を必要としている人に届ける」という出版の使命から考えると、売れない本でも出す意義があるのです。

私はこの本を「使命本」と呼んでいます。

人を助けるという使命を持って生まれてきた本だからです。

「使命本」はたくさんあります。介護の本もあれば、環境保護の本もあります。

私が出版プロデュースした本で、『100歳になった介助犬』（藤原嗣治著　ポプラ社）という本があります。国産第1号の介助犬グレーデルと、車椅子で暮らす飼い主、野口利男さんとの14年間にわたる絆《きずな》を描いたドキュメンタリーです。

グレーデルは晩年、介助犬としては年老いてしまい、逆に野口さん一家のお世話になるのですが、最期まで飼い主のことを心配し、2009年6月9日、天国に旅立ちました。享年18歳でした。人間で言えば100歳を超えていました。

この本はあまり売れませんでした。しかし、介助犬を必要としている人にとっては、ぜひとも一度は読みたい本なのです。

最初からマーケットが小さな本もあります。

それでも、「使命本」は出す意義があるのです。

本は売り上げが最も大事ですが、売り上げがすべてではありません。

作家や編集者が商業主義に走って、「使命本」を作らなくなったときこそ、出版文化の衰退が始まるのではないでしょうか。

出版にはビジョンが必要であり、人の役に立ってなおかつ売れる本がベストです。

出版に関わる人たちにとって、そんな本を作り出すことが最高の幸せです。

そして、作家も編集者もその目的に向かって邁進《まいしん》しているのです。

私は毎日、そんな「いい本」を作る作家を発掘し、その出版を応援してくれる編集者と向きあっています。

「いい本」とは読者を幸せにする本のこと

「いい本」を書いて一番幸せになるのは作家

私は、これから本を出版する人に「いい本」を書いてもらいたいと願っています。

「いい本」を、私はこう定義しています。

「いい本」とは、読者が幸せになり、作家がもっと幸せになる本。

この考え方は経営学者のピーター・ドラッカーから学びました。しかし、最初のうちはまだ本当に理解できていたとは言えません。

それが、トップマネジメント株式会社の社長、山下淳一郎さんの本を作っているときに、ドラッカーの言葉の意味がやっとわかりました。

たとえば、「会社の使命は何か?」という質問にドラッカーは、「お客さまを創造すること」と答えています。しかし、ドラッカー専門家の山下さんはこれを意訳して、

「会社の使命は幸せなお客さまを作ることですよ」と、ぽんと言ってくれたのです。

ドラッカー流に言うと、「出版とは、幸せな読者を作ること」。
そして、「いい本とは、読者が幸せになる本」なのです。

では、読者だけが幸せになればいいのでしょうか？

いいえ、違います。出版社も書店も、取次《とりつぎ》という流通まで含めて、すべての関係者が幸せにならなければいけません。

私がとくに幸せになってほしいのは、書き手である作家です。ですから、私の「いい本」の定義は、読者だけではなく、作家も最大の幸せを得ることが必須なのです。

私が直接、出版プロデュースしている本は、間違いなく読者が幸せになり、作家が幸せになるという自信があります。

前述の山下淳一郎さんの本は、『なぜ、あのガムの包み紙は大きいのか』（角川フォレスタ）というタイトルで出版され、Yahoo!《ヤフー》のトップニュースにもなりました。

1冊の本によって、今まで無名だった方がいきなり有名になったのです。

だれも責任を取らない「仲良しこよし本」

本は多数決で作ってはならない

もしあなたが建築設計士で、マンションの部屋を設計するとき、和室は何畳にしますか？

私は実際に、出版セミナーで受講生にアンケートをとったことがあるのですが、平均値を出したら5・1畳になりました。

しかし、5・1畳の和室のある家をだれが買うのでしょうか？

私は「平均値」を形にすることほど無意味なものはないと思っています。

同じような例が、出版社の企画会議でもよく見られます。

私が本作りに関わったその出版社は大手のマスコミ系なのですが、企画書が会議にかけられるたびに、おそろしくつまらない内容になるのです。

編集部内の会議でとおった企画書が、局長会議にかけられ、そのあと役員会議にかけられ、さらに営業会議にかけられ、「この内容で出版します」と修正されてきた内容を見て、私は驚愕《きょうがく》しました。

よくぞまあ、これほどまで「角」を削り、骨抜きにしてくれたなあと。

なぜ、こんな内容になったのかを担当編集者にたずねてみると、

「うちの出版社は多数決で内容を決めています」

という返事が返ってきました。

私は、呆然《ぼうぜん》としました。

平均値を取るような内容の本が、売れるわけがないのです。

学校の教科書ではないのですから、本に対する価値判断は百人百様でいいのです。

90人がおもしろくないと思っても、10人がとてもおもしろいと思えば本は売れます。

本は買いたくない人に売る必要はありません。

私が作った企画書は、見る影もなく平均化され、タイトルも「みんなで仲良くしましょう」のようなテイストの凡庸《ぼんよう》なものに変えられていました。こんな本は、昼寝の枕にする価値もありませんね。

しかし、世の中を見渡すと、「みんなで考えました」という本だらけです。

だから本が売れなくなっていくのです。

これは、編集会議に参加する編集者が、サラリーマン化しているのも原因のひとつでしょう。

何かものごとをスタートするとき、一番無難な答えは「できません」という答えです。「できる」と言った瞬間から、責任を取らなければならないからです。

とりあえず「できない」と言っておけば、自分の立場は擁護できるし、安全圏にいられるのです。

否定はだれでもできますが、肯定は本質を知らないとできません。

なぜならば、ダメな理由はたったひとつ提示すればいいからです。「この本は売れる」という理由より、「この本は売れないだろう」という理由のほうが、ひとつどころか10倍多く考えつきます。

本にオリジナリティがあればあるほど類書は少なく、他の本と比べることができません。

だから、出版したあとは売るしかないのです。

過去のデータは関係ありません。「売る」という信念で行動するしかないのです。

信念のある出版社が、どんどん少なくなってきました。

「私が責任を取ります」と言う編集者が、どんどん少なくなっています。

本はどの出版社から出版するのかではなく、どの編集者と組むかで内容も売れ行きも違ってきます。もしあなたが作家を目指していて、あなたの企画に心底惚れ込んでくれる編集者がいたら、それはありえないくらい幸運なことです。

何かを「教える」とき、人は一番幸せを感じる

なぜ、人は本を書くのか？

吉田松陰は、本を読むことの大切さをこう述べています。

「万巻の書を読むに非《あら》ざるよりは、寧《いずく》んぞ千秋の人たるを得ん」

たくさんの本を読まなければ、世に名を残すような立派な人にはなれない。

ということです。

吉田松陰が松下村塾で教えたのは、たった2年間です。

その塾生から日本を動かす幕末の志士たちが生まれました。

古いものから新しいものに脱皮するときには、時間は関係ないのです。

吉田松陰にはこんな逸話も残されています。

倒幕の容疑をかけられ牢屋に入れられたとき、牢内のどんな大悪党でも先生と呼び

かけ、ひとりひとりの罪人に教えを乞うたというのです。彼が斬首されるために牢獄から出るときには、大悪党たちがみんな正座して見送ったと言われています。

「人間は一生に1冊は本を書きなさい」

と言ったのは明治生まれの哲学者であり、教育者である森信三さんです。

本を書いたほうが、さらに人生に深い価値が生まれるためです。

森信三さんは「国民教育の師父」「20世紀最後の哲人」と呼ばれ、彼の講演録はたくさんの本となり、今なお、多くの経営者がその教えを実践しています。

なぜ、人は本を書きたいと思うのでしょうか？
人は、だれかに何かを教えたい生きものなのです。

そこには、自己顕示欲もあれば名誉や賞賛を得たい気持ちもあるでしょう。

しかし、人に教えたいという思いは、人間の持つ基本的な欲求のひとつです。

もっとわかりやすく言うと、「教えてもらいたい」より「教えたい」という欲求が強いのです。本は、最大の「自己実現」であり、だれもが持っている「承認欲求」を満たしてくれます。

どんな人も、人に教えるときには嬉しそうな顔をしています。

私の長女は介護の仕事に就き、体を動かせない重度の症状のお年寄りの面倒をみているのですが、お年寄りが一番喜ぶのは「何かを教えるとき」だそうです。

お年寄りは自分が今まで経験したこと、学んだことをだれかに伝えたいと思っています。それを教えてほしいと言われたとき、とても喜びます。

だれかに何かをしてあげて感謝されるのは、人間の大きな喜びなのです。

「本に何を書けばいいのですか？」という質問をされたとき、私はこう答えます。

「あなたがどうしてもだれかに教えたいことです」

これが一番、シンプルな答えです。

だれでも、ひとつくらいは「価値ある教えたいこと」を持っています。

第2章
テーマとUSPの発見

だれでも人生のテーマを持っている

自分の価値は自分ではわからない

最も身近なところに本のテーマは眠っている

本にはテーマが必要です。テーマとは、「あなたがだれかに伝えたいこと」です。

「私は何の長所もないから本は出せない」と尻込みする方がたくさんいます。

また、「私は仕事しか取り柄がないけど、今の仕事が嫌でたまらない」という人もいます。しかし、ちょっと待ってください。

あなたが、今の仕事に価値を感じていなくても、読者は違うかもしれません。

『社長をだせ!』（川田茂雄著　宝島社）という本が50万部売れました。作者は、20年間お客さんからの苦情処理に追われてきた消費者相談室の職員でした。

ほとんどの大きな会社にはクレーム処理係がいます。そして、多くの係員は毎日、お客さんに謝り続け「自分の仕事には価値があるのか」わからなくなっています。

しかし、その内容を本にしたら、50万人の読者が興味を持ち、本を手に取り、買ってくれたのです。彼の仕事の積み重ねには価値があったのです。

その価値をお金に換算することも可能です。定価1300円の本が50万部売れ、印税が10%だったら6500万円もの大金が入ってきます。

だれもが価値を持っています。
その価値は出版によって初めて世の中に認められるかもしれないのです。

もうひとつ、例を紹介しましょう。私が設立したNPO『企画のたまご屋さん』から出た本で、『天使のラストメッセージ』（松原ななみ著　ディスカヴァー・トゥエンティワン）という本が5万部くらい売れました。

作者は、普通の看護師さんです。

終末医療の現場で働いていた彼女は、看護した16人の患者さんが天国へ旅立ったときに、自分の気持ちを詩やエッセイに書き残しました。

「生きること」「他人への思いやり」「家族の大切さ」「尊厳死」などの重いテーマでありながら、その文章からは優しさが伝わってきます。

人の命を看取《みと》る看護師さんという立場だからこそ、命の尊厳を綴《つづ》った感動の本ができたのです。美しい写真が添えられたこの本は、天国に逝《い》った患者さんたちにとって何よりのレクイエムです。

このように、私たちはだれもが主人公として自分の人生を生きています。人生のテーマを持っていない人、本が書けない人はひとりもいないはずです。

本の著者というポジションは、業界でナンバーワンの人や、オンリーワンで成功している人たちが独占するものではありません。

ごく普通の中学生でも、平凡な看護師さんでも、企画の切り口さえすばらしければ読者を感動させる本は書けるのです。

また、本のジャンルも関係ありません。

ビジネス書やノウハウ書や実用書だけが売れる本ではありません。インタビュー集でも、エッセイでも、ベストセラーを作ることはできるのです。

あなたが今までやってきたことを客観的にながめてください。何をテーマに本を書いたら読者が興味を示すかを考えてください。自分には取るに足らないものと思っていても、読者にとっては大きな価値があるものです。

一番身近なテーマは、今、あなたが働いている職場に隠れていたり、今やっている仕事そのものだったりします。しかし、ほかにもあなたはたくさんのテーマを持っています。

あなたの中に埋もれている宝を探し出してください。**その宝は確実に存在します。「宝がある！」と信じてください。**あとは、わくわくしながら掘り出すだけですよ。

一流の作家は人生のどこかで圧倒的な体験をしている

「人生のターニングポイント」はいつか？

ターニングポイントとは「転機」のことで、運命が変わる瞬間です。

私の人生の転機は、田舎から東京に出ようと決意した日です。

高校3年生の春だったのですが、心臓がドキドキして、一晩中眠れませんでした。

私は田舎の農家の長男として生まれ、小さいころ心臓が悪かったので、とても大事に育てられました。両親も祖母も私には家を継がせるつもりでした。

しかし、成長するにつれ、私は田舎で一生を暮らす生活から逃れたいと思うようになりました。

よくも悪くも、これは本の影響です。

生まれ育った小さな村の外には世界が広がっていて、さまざまな冒険が待っている。その中から何を選ぶのかは自分次第なのだ。病院のベッドでひとりむさぼり読んだたくさんの本が、田舎の少年の眼を開いてくれたのでした。

私は厳格な父親に、東京の大学に行きたいと懇願しました。最初は反対されましたが、「これからの時代は大学ぐらい出たほうがいい」としぶしぶ了解してくれました。

自分のわがままで東京に行くので、すべての生活費は自分で稼ごうと決意しました。もちろん貯金も生活能力もまったくないので、考えた末に、「新聞奨学生」に応募することにしました。新聞奨学生とは新聞配達をしながら大学などに通う、今の私からは想像もできない、とても勤勉で真面目な「新聞少年」のことです。

私は大学に入学する学費を稼ぐために一浪し、予備校に通い、朝夕、新聞配達をしながら、わずかなお金をこつこつと積み立てました。

私の場合は、予備校や大学の入学金・授業料がすべて新聞社負担になりました。さらに、新聞の販売店には寮があり、家賃が無料です。ガス、電気、水道もタダです。食事も朝食と夕食は、新聞専売所のおかみさんが作ってくれます。

私が入った新聞配達店は地下鉄東西線・木場駅近くにある毎日新聞の専売所で、大学生3人、予備校生2人、高校生ひとりが住み込みで働いていました。

初任給は、手取りで月額5万4000円でした。

しかし、予備校に通うための交通費、昼食代、参考書代で、あっという間に消えてしまいました。1978年、銭湯の料金が155円、手紙は50円、はがきは20円。成人前なのでお酒を飲んではいけなかったのですが、当時のビール瓶《ビン》大の値段が1本215円だったことを覚えています。

18歳で上京し、一人暮らしを始めてから、私はお金を稼ぐことの厳しさを教わりました。浪人時代も大学生時代も、生活費や学費はすべて自分で稼いでいます。

今でも覚えていますが、大学1年生の8月の暑い盛りに、私が自動販売機で買った飲みものは、たった1本のコーラでした。

私は、自分の苦労話をしたいわけではありません。

ただ、これから作家を目指す人たちに伝えたいことがあるのです。

作家として名を成す人は人生のどこかで、必ず逆境を体験しています。

究極の貧乏を味わったり、圧倒的な挫折を味わったりしています。

それによってだれにも真似できない作家性が生まれます。

他の人にはない価値観が持てるようになるのです。

だからこそ他の人にはない視点や発想で、読者の心を打つ本が書けるのです。

「非日常体験が作家性を創る」と言っても過言ではありません。

今、ビジネス書の世界では若くて頭のいい作家がたくさん生まれていますが、彼らを見ていると挫折体験や成功体験が希薄な気がします。

無理してわざと失敗したり、絶望したりする必要はありませんが、安全で確実な道を選んで歩いているだけでは薄っぺらな作家になってしまいます。

はたしてそれで人の心を打ち、人生を変える本が書けるのか疑問です。

他の人にないあなただけのオリジナルな体験から、名作は生まれるのですから。

だれでもプロになれる「1万時間の法則」

現代人はスキルを磨くことができない

「1万時間の法則」を知っていますか？

どんなド素人でも、1万時間を費やして修業したり、研鑽《けんさん》を積んだりすると、プロになれるという法則です。

たとえば、格闘技経験ゼロのあなたが、今日から空手を習うとします。

1万時間やれば、黒帯を取得し、達人になれるというわけです。

この法則は『天才！ 成功する人々の法則』（マルコム・グラッドウェル著 講談社）に詳しく書かれています。この本はアメリカで3ヵ月間に100万部売れました。

1万時間を具体的にイメージできますか？ たとえば1日に3時間ずつ何かの修練に費やせば、1年で1000時間、努力を積み重ねたことになります。これを10年間続けた長さが1万時間になります。確かに、10年もかけて習得したら、だれでも達人になれますよね。作家の修業も同じです。1日3時間、休まず10年間書き続ければ、あなたはひとかどの物書きになれるでしょう。

何かひとつのスキルの積み重ね、それこそが作家性のすべてだと私は考えています。

もしあなたが会社員であったり、ＯＬであったり、自営業者であったりしたら、日々、スキルを磨いているかどうか自問自答してみてください。

深く狭くひとつのことを長くやり続けることによって磨かれる感性、見えてくる世界、到達できる境地があるのです。

熟練した陶芸家がすばらしい茶碗を生み出すように、ピアニストが人を涙させる演奏を行うように、長く積み上げてきたスキルによって、人を感動させることができるのです。

私の仕事は出版プロデューサーです。

私は、30年間ずっとそのスキルを磨き続けてきました。

そして、多くの本を世の中に送り出すことができました。

これは自分の天職です。内容はさまざまですが、一冊一冊手塩にかけて育て、世に送り出したわが子のように思えます。

スキルを磨き続けている人は、とても幸せな人です。

作業に没頭している時間は至福の時間なのですから。

私は今の仕事が大好きで、売れそうな本の企画と出会えたときなどは、わくわくして、夜も眠れないこともあります。

また、すべての作家が私の先生です。

これまでの本作りの人生でどれほど多くの作家に、有益な情報やノウハウを教えてもらったでしょうか。

本は作家が長い年月をかけて学び取ったスキルの、一番いい上澄みの部分だけをすくい取って作ります。その上澄みの下には、スキルを身につけるまでにたどってきた血のにじむような試行錯誤や葛藤《かっとう》が沈殿しています。本を作る過程では、これを深く掘り起こす作業が必要です。作家と伴走しながら、その人が歩んできた人間的な成長や心のあり方をともに再体験できることが出版プロデュースの最大の喜びなのです。

だからこそ、作家と一緒に本を作るたびに「なるほど！」という驚きや、「うーん」という共感が得られるのです。

本を作りながら、作家の楽しみも喜びも共有し、悲しみも苦しさも共有する、こんなにすばらしい仕事はないと思います。

ところが、現代人はスキルを磨く時間がどんどん短くなっています。

原因は、目の前の作業をこなすために精一杯だからです。

1日に5件も6件も打ち合わせを入れてしまい、分刻みで電車に飛び乗っています。

単なるルーティンワークでは、スキルは磨かれません。

自分と向き合い、深く考える時間がないと、スキルは磨かれないのです。

私は、出版の世界に入ってから、密度の濃い時間も薄い時間も含め、30年間で少なくとも3万時間、もしかしたら10万時間の本作りのスキルを積み重ねてきました。

もしあなたが作家以外にも、何かの達人になりたいと本気で決意しているのならば、まずは、自分が楽しむことができる「1万時間を積む」ことをお勧めします。

楽しむことに年齢は関係ありません。60歳、70歳になっても始められますよ。

ビジネスコーチ、カウンセラー、弁護士は本が出せる

人と関わる職業の人は出版に向いている

本はだれでも書けますが、本を書くときに有利な人と不利な人がいます。

結論から言うと、「人と関わる職業の人」は有利に本が出せます。

私は過去にこんな実験をしたことがあります。

東京でビジネスコーチだけを50人集めて出版セミナーを開催しました。

また、大阪でカウンセラーだけを50人集めて出版セミナーをやりました。

どちらも3時間のセミナーです。

その結果どうなったかというと、どちらのセミナーでも受講生のうち22%にあたる

11人が1年以内に出版を実現させたのです。

通常、私が一般の人を対象に出版セミナーを開いた場合、1年以内の出版実現率は約10％です。これだけでも出版関連のセミナーとしては驚異的な数字ですが、対象をコーチ、カウンセラーに特化したら、その数値が2倍以上に跳ね上がったのです。

なぜ、コーチやカウンセラーが一般の方の2倍、本を出せたのでしょうか？
答えは、彼らは「人の悩みを解決する職業」だったからです。

本は人と人との関係性で体系化された読み物です。

コーチ、カウンセラー、セラピスト、コンサルタントをやっている方は、日々の実務の中で常に問題解決の糸口を探しています。

そのため、本という伝達型の手段を体系化するとき、大きな力を発揮するのです。

また、彼らが取り扱っている「人間関係」というテーマは読者の興味を引きやすく、いくらでも書いていくことができるのです。

つまり、本を書くときに必要な「引き出し」がたくさんできるのです。

コーチやカウンセラーにとって、人間関係に関わるテーマはたくさんあります。「トラブルの対処法」から「相手をうんと言わせる技術」「人間関係を修復する方法」「うつにならない習慣」「くよくよしない生活」「恋愛必勝法」「目標達成のしかた」など、アイデアは尽きません。

弁護士、司法書士、行政書士、社会保険労務士、弁理士、公認会計士などの「士業家」も本を出すときには有利です。この職業の方は、日々、人と関わっているからです。さらに、彼らは毎日、文章を書くことが仕事なので、自分の体験談や事例をまとめることにも慣れています。

たとえば、弁護士が書く本のテーマはたくさんあります。

「浮気や離婚訴訟」「警察の裏側、ヤクザの実態」「詐欺や泥棒の手口」「交通事故で有利になる方法」から「傷害事件」まで。「得する相続問題と遺産問題」「隣人トラブル」から「国政の腐敗を暴く」ことまで、すべて本のテーマとなります。

離婚訴訟を専門にやっている弁護士ならば、「夫の浮気を見抜く方法」「慰謝料を高く取る方法」「上手に別れる方法」など、さらに細かい切り口がいくらでも出てくるのです。

弁護士の数は全国で3万人、司法書士が2万人、行政書士は4万人いるそうです。これまでは資格さえ取って看板を掲げれば安泰と思われていた専門職の分野でも、今後ますます過当競争の時代に入っていくわけです。

コーチ、カウンセラー、セラピスト、コンサルタントは、日本中に200万人くらい存在するのではないでしょうか？　そして、その数は、年々増え続けています。

私に言わせれば、人と関わる職業の方で本を出していないほうが不思議です。

専門分野に特化しているとはいえ、サービスや実力にはそれほど大差はないはずです。

自分を差別化できれば強力な武器になります。

その武器を持っていない人は、裸でライオンに立ち向かうことと同じです。

厳しい現実世界では、生き残っていくためにはかなり不利な状況です。

「いい本」を書くためには「授業料」を払わなくてはならない

エッセイストは1万円稼ぐために100万円使う

「私、エッセイでも書きたいんです」

と、作家を目指す方の多くがエッセイを書きたいと言います。

とくに、女性が軽いノリでそう言います。

私は、（あらあら、またですか）と心の中でつぶやいてしまいます。

じつは、エッセイは、とても難しいジャンルなのです。

「エッセイでも書きたい」というのは、エッセイに対して失礼です。

そこで私は、「エッセイは、高い『授業料』を払った人でないと書けないんですよ」と説明します。

すると、「『授業料』って、何ですか？」と質問が返ってきます。

「授業料」とは、その名のとおり、いかにお金を使ってきたかということです。

もちろんほとんどの場合、お金と一緒に時間も使っています。

「エッセイというのは、コラム１本１万円の原稿料を稼ぐために、１００万円の授業料を払うということなんです。あなたは、授業料を払ってきましたか？」

授業料を払わない人は、いいエッセイは書けません。

人を感動させる文章を書くには、膨大な量のインプットが必要です。

そのインプットには、多額のお金がかかります。エッセイは、膨大な量のインプットから生まれるたったひとつのアウトプットに過ぎないのです。

「膨大な量のインプット」に必要なお金が、つまり「授業料」です。

現在、エッセイストとして活躍している作家は、間違いなくその授業料を支払っています。

私が企画書の売り込みに協力した方で、とまこちゃんという女性がいます。

彼女は、飛行機の窓から空の写真を撮ることが趣味でした。

もともと旅行会社の添乗員で世界中を飛び回っていたとまこちゃんは、プライベートでもいろいろな国を旅していて、個人でも何度も飛行機に乗っていました。

彼女は機内で通路側の席を割り当てられると、窓側の乗客に頼んで席を替わってもらって写真を撮っていました。

そんな彼女が念願だった出版を実現させました。

これまで撮りためた空の写真と、世界中で見聞きした体験を綴ったエッセイを組み合わせた素敵な1冊ができあがりました。

『旅ふぇち　おえかきツアーコンダクター・とまこの秘境まる歩き絶景エッセイ！』（とまこ著　ゴマブックス）

1冊の本を出すためにどれだけお金と時間がかかっているか計り知れません。

ちょっと変わった職業で、『ナンパ塾』の塾長をしている草加大介さんがいます。

今まで、1万5000人の男性にナンパの方法を教えているのですが、彼の本もプロデュースさせてもらいました。

草加さんは、今まで何万人もの女性に街で声をかけ、ことごとく撃沈してきた経験を持つ強者《つわもの》です。彼が普通のナンパ師と違うのは、そうした実体験から自分なりの「ナンパ論」を編み出したことです。

ナンパだからといって侮ってはいけません。たくさんの「お金」と長い「時間」を投資したからこそ手に入る技術もあるのです。草加さんは「ナンパの極意」を手に入れるために、私たちの想像以上の授業料を払っています。

だから、「ナンパ」という行為が、芸術の域にまで達しているのです。

あなたが「身銭を切って」投資し、自分の体で体験したことは本になります。

草加さんの本『最初の一言をどうかけるか?』（幻冬舎）は、単行本、文庫本合わせて6万部くらい売れました。

「私、エッセイでも書いて暮らしていきたいの」とおっしゃる方へ。

まずは外に出て、授業料を払って、たくさんの経験を積んで来てくださいね。

「半径3メートルの本」ならだれでも書ける

本のテーマはごく身近にある

私は、早稲田大学のオープンカレッジで『週末ライター養成講座』という授業を何年か教えていました。

あるとき、約30人の受講生に、ここ数年間で読んだベストセラーを挙げてもらいました。そこで出た50冊の本について「共通項目を探す」という授業を行いました。

するとまず、男性と女性によって、読む本の傾向が違うことがわかりました。

男性が好んで読む本は、「お金」と「成功」です。
女性が好んで読む本は、「恋愛」と「美容」です。

お金や成功に関するテーマとは、営業マニュアル、株での儲け方、投資術、プレゼンテーション、話し方などです。恋愛や美容に関するテーマとは、ボーイズラブ、ダイエット、美肌、美白、デトックス、低カロリーの料理などです。

そのとき、受講生のひとりが手を挙げてこんなことを言いました。

「先生、お金も、成功も、恋愛も、美容も、手を伸ばせば届くところにありますね」

私は「あっ」と思いました。

売れている本は、すべて「身近なテーマ」だったのです。

実用書だけではありません。芥川賞も直木賞も、受賞作は作家の日常生活が舞台でした。

それでは、「手を伸ばせば届く距離」とは、どのくらいの感覚なのでしょうか？

授業では、その距離を長さに置き換えることにしました。

「10メートル？　５メートル？」

いろいろと意見は出たのですが、多数決で「３メートルくらい」に落ち着きました。3メートルとは、ちょっと立ち上がって手を伸ばせば何でも届く距離です。

生活空間に換算すると、「6畳1間のワンルームマンション」です。

これは、本当に居心地がいい空間です。

朝起きてから夜寝るまで、何でも3メートルの範囲内でまかなえるのです。

この生活空間として最も快適な「3メートル」の距離感が、本の世界にも影響を及ぼしています。

あなたが最近読んだ本を思い出してください。

かなり多くの本が、「3メートル」の範囲に入っていると思いませんか?

もともと私たちは、自分が体験したり、悩んだりしたことしか書けません。

まさに、**「本のテーマは、手を伸ばせば届く距離にある」と言ってもいいでしょう。**

ただし、「半径3メートルの本」だけではカバーしきれないジャンルがあります。

「名作」と呼ばれる本は「半径3メートル」を超えたところに存在します。

手が届く範囲の生活は、居心地がよい反面、お手軽すぎて人は努力することを怠ってしまうのです。

長い人生、100メートルの短距離競走だけではありません。42・195キロのマラソンコースを走ることも必要です。

マスコミで活躍している人、第一線級の専門家やその道の大家は、必ず、人生のどこかで大量の汗を流しながら、貴重な「オリジナリティ」を手に入れています。だれもやっていない経験を手に入れるために、人生のある時期、不眠不休の日々を送ったり、狂気の世界に身を置いたりします。

そこに読者は「共鳴」し、深い「感動」を受けるのです。

私は本とは、「すべての知識、技術、ノウハウ、エンターテインメントが集約されている情報の最高価値」だと思っています。本は「人類の英知の結晶」なのです。ですから、「半径3メートルの本」ばかりが本屋さんに並んでしまうと、人はますますものぐさになり、作家が命がけでつかんだ深い思想や心の奥底からの叫びを学ぶチャンスを失ってしまうような気がするのです。

椅子を買いに来たお客さんが椅子を買わない理由

本のテーマはたったひとつあればいい

本のテーマは、たったひとつです。２つあってはいけません。

これは本を書くときのルールです。具体的な例を紹介しましょう。

あるお客さんが、家具屋に椅子を買いに来ました。店員はあれこれと椅子を薦めるのですが、お客さんは、あまり気乗りがしないようです。

そこで、椅子を買いに来た理由を詳しく聞いてみると、古くから使っている椅子のネジがはずれて、ガタガタして座り心地が悪いことがわかりました。

このお客さんは、じつは、新しい椅子がほしいのではなく、古い椅子を直すネジとドライバーがほしかったわけです。

そこで、このとき店員は椅子ではなく、ドライバーとネジを売りました。

この店員の親切な対応に感謝したお客さんは、それ以来、新しい家具を買うときには、必ず、この店員さんを訪ねて来るようになりました。

これは、『凡人が最強営業マンに変わる魔法のセールストーク』（佐藤昌弘著　日本実業出版社）の中に登場するお話です。

この本で作家が訴えたいことは、たったひとつです。

「営業マンはお客さんの話をよく聞きなさい」

これで終わりです。

「えっ、それだけ?」と意外そうな声が聞こえてきそうですが、本当に、これだけです。たったひとつのことを、200ページも使って書いているのです。

キツネにつままれた思いの人もいるはずなので、ちょっと解説しますね。

この本では、「お客さんのニーズの掘り起こし」がテーマとなっています。

どういうことかというと、「店に買い物に来たお客さんは、必ずしも自分で自分の買いたいものをわかっていない」のです。

家具屋に椅子を買いに来たお客さんが、じつは、ネジとドライバーがほしかったように、どうしてそれが必要か、営業マンが突っ込んで聞いていくと、本当にほしいものがわかってきます。

このセールストーク術を使えるようになれば、凡人も一瞬にして最強営業マンになるというわけです。

たったひとつのテーマでも本はベストセラーになります。

なんと、この本は18万部も売れています。

まさに、ワンテーマ、ワンコンセプト、ワンシンボルの見本です。

この本のテーマは、広義では「営業」、狭義では「セールストーク」です。

「お客さんのニーズの掘り起こし」はテーマではなく、正確には「コンセプト」(基本理念)と言います。その本を最初から最後まで貫く一本の柱であり、「中心思想」のことです。

たったひとつのことを極めている人が、その技術を習得する方法を本に書いたとき、さらに、それが世の中のニーズと合致したとき、ベストセラーが生まれます。
読者は職人の技術やプロフェッショナルが培ってきたものに興味を引かれるのです。

ただ、注意が必要なのは、1冊の本に2つのテーマを混在させてはいけないということです。前述の本を例にすると、「セールストーク」の本の中に、「サービス」や「マーケティング」など別なテーマを取り入れてはいけません。

テーマは「恋愛」と同じです。2人の恋人に同時にアプローチしてはいけません。

とにかく、ひたすら、たったひとりの恋人に懸命に尽くすこと。
これが「幸せな愛」を得るコツです。
「いい本」も、ひたすらひとつのテーマで書き進めてください。

パチンコに1億円使った社長の「あたりまえ」

USPの見つけ方

熊本に住んでいる経営者の本作りをお手伝いしました。私はその方に、

「あなたはこれまで何に一番お金を使ってきましたか?」という質問をしました。

すると、彼は、「パチンコ」と答えました。

「いくら使いましたか?」

「うーんと、1億円くらいかな」

私はびっくりしました。普通の人は、そんなにパチンコにお金を使いません。

しかし、彼はきょとんとして「えっ、1億円くらい使うでしょ?」と言うのです。

(使いません!)

よくよく話を聞いてみると、毎週、土日にパチンコ屋さんに行き、多いときには20

万円から30万円負けるそうです。たしかに、そんな生活を何年も続けるとトータルでは1億円くらい使うかもしれません。また、地元の経営者で彼のパチンコ仲間もそれくらい「パチンコ台に貯金している」そうです。

本人が「あたりまえ」と思っていても周りから見ると、「そんなことは、なかなかない」と思えるような事例は決してめずらしいことではありません。

こういう場合、周りの人が当の本人に、「それは普通ではない」といくら説明してもわかってもらえないのです。

なぜならば、私たちはだれもが主観的に生きているからです。自分の背中を自分で直接見ることのできないように、客観的に自分を見ることはできないのです。

この「なかなかない探し」が本を書くテーマになります。

私は熊本の社長の「パチンコ貯金1億円」をヒントにして、彼の「逆張りの生き方」をテーマに、『満員電車に乗らない生き方』という本を作っています。

このように、ちょっとありえない体験や信じられない経験などが本のテーマになります。

この「なかなかないこと」を「ＵＳＰ」と呼びます。

「ＵＳＰ」とは「ユニーク・セリング・プロポジション」のことで、直訳すると、「個性的で、売り込みのできる、主張」のことです。

難しい言葉で「卓越性」と言います。

易しい言葉で「ウリ、強み」です。

ＵＳＰを見つけるための簡単な方法は、「お金軸」と「時間軸」です。

あなたが過去に使ってきたお金や時間が本を書くテーマとなります。

では、あなたのＵＳＰはどうしたら発見できるのでしょうか？

これは、あなたに、たった３つの質問をするだけで見つかります。

【第１の質問】 小さいときから好きなことは何ですか？（継続）

【第2の質問】　時間を忘れて没頭してしまうことは何ですか？（集中）

【第3の質問】　他の人が「なかなかやっていない」ことで、あなたがやっていることは何ですか？（卓越）

この3つ目の質問、他の人が「なかなかやっていない」というのが、ミソです。本のテーマを発見するには、「なかなかない探し」が不可欠なのです。

「なかなか」とは、「予想した以上に」「意外に」「かなりに」という意味です。漢字では「中中」と書きますが、中の中ではなく、中の上くらいに得意なことがあれば、それがあなたのＵＳＰであり、本を書くテーマとなります。

他の人が「絶対にやっていないこと」、つまり「上の上」の経験があればベストですが、そんな人は数えるほどしかいません。

ＵＳＰを「上の上」に設定するとハードルが上がって、乗り越えることができなくなってしまいます。

他の人がやっていてもいい、でも、「なかなかないよね」というのがあなたのテーマなのです。

ＵＳＰマジカルシートで企画書を売り込む

あなたの企画書の「強み」は何か？

「ＵＳＰ」が明確に書かれている企画書は採用されやすくなります。

企画書の中に「ＵＳＰ」を盛り込む方法を教えます。

次の「ＵＳＰマジカルシート」のカッコ内に適する語句や文章を記入してください。

私の企画書を採用してください。

私の企画書には（１）というメリットがあります。

出版社には（２）というメリットがあります。

私の企画書は他の企画書とは違います。

なぜならば、私には（３）という強みがあるからです。

この1から3のカッコの中には、こんな言葉が入ります。
（1）には、本の特徴やセールスポイント。
（2）には、出版社が得られる利益や賞賛。
（3）には、あなたが持っている「ＵＳＰ」です。

書き終わったあとは、複数の友人や知人に見せてください。

「うーん」と言われたら落第点。

「なるほどね」と言われたら50点。

「おもしろい！」と言われて初めて合格点です。

このＵＳＰがないと、あなたの企画書はどこにでもある、ありふれたもののひとつとなってしまいます。

私の元に毎年何百本と送られてくる企画書の半数は、ＵＳＰを見つけるというハードルが越えられていません。

ですから、その時点で不採用となってしまうのです。

マーケティング業界では、ＵＳＰを使った経営を、「差別化戦略」とか「オンリーワン戦略」と言い表していますが、出版の世界では隠れたあなたの強みを見つけ、「売れる本」を作る武器になります。

「本を出すのは難しい」と思っている人の考え方には共通点があります。
「特殊な能力のある人でないと本は出せない」という先入観にしばられ、
「特別な体験をしていないと本は出せない」と思い込んでいます。

私はたびたび大手出版社の社長や編集長と出版セミナーを開くのですが、作家の資質については意見が真っ向から対立します。
ある編集者は「その業界でナンバーワンの人しか本は出せない」と言いますが、そんなことはありません。

特殊な能力を持っていなくても、特別な体験をしてなくてもだれでも本は書けます。ＵＳＰを発見することで、あなたの企画書は「採用レベル」に近づきます。

第3章 本を書く準備、ネタ集め

なぜ、本を出せる人と出せない人がいるのか？

その本の作家はだれか？　読者はだれか？

出版プロデューサーと編集者は視点が違う

出版プロデューサーの視点は、出版社の編集者の視点とはまるで違います。送られてきた企画書の評価基準は、たったの2つです。

1. 実際に、この人は体験しているか？（オリジナリティ）

2. 実際に、この人は原稿を書けるか？（実現性）

要するに、**「この作家は最後まで原稿を書けるか？」**ということが一番大事なチェックポイントなのです。この基準で企画書を見ると、7割の企画書が合格点に達していません。

ところが、出版社の編集者の基準は違います。それは、

1．その本は、だれが書くのか？（作家）

2．その本は、だれが買うのか？（読者）

つまり、編集者にとって、**「その本は売れるか？」**ということが大事なチェックポイントとなります。

だから、「作家」はだれか？　「読者」はだれか？　と何度も聞いてくるのです。

その作家がベストセラーを出していたり、有名人だったりすれば本は売れます。

また、読者がいない本は売れないので、読者ターゲットの明確化が必要なのです。

編集者は、会社から徹底して「売れる本を作れ」と厳命されています。どんなにすばらしい企画でも読者がいない本は売れないので、却下されてしまいます。

逆に、私は、作家の持っているポテンシャルやモチベーションを大切にします。

それは、**「世の中にどうしても訴えたい熱い思いから、ベストセラーは誕生する」**と信じているからです。そういう「熱い本」には、必ず、読者がいます。応援してくれるファンもできます。

世の中に何かを訴えかける作家を発掘していくのが私のミッションです。

編集者とのつきあい方

常識のない作家が多い

童話『星の王子さま』は、世界150ヵ国で何十億の人々に読み継がれています。

この本は、サン＝テグジュペリの落書きから生まれました。

彼はニューヨークのレストランで、ペーパーナプキンに男の子の絵を描いていました。それをたまたま、カーチス・ヒッチコックという出版社の編集者が見ていました。

「この男の子を主人公にして、うちで本を書いてもらえないだろうか？」

これがきっかけで、世界的に有名な『星の王子さま』が誕生したのです。

いい編集者との出会いは、高額な宝くじが当たったくらいラッキーなことです。

かつてお見合いをするとき、女性が男性を選ぶ基準に「結婚の3高」がありました。

それは、相手の男性が「高学歴」「高年収」「高身長」であるかどうかです。

同じように、作家が出版社を選べる場合、その選択基準として「出版社の3高」もあります。

「知名度」「発行部数」「印税率」のことです。

しかし、私は作家に対し「出版社の3高」ではなく、「編集者の3高」で本を書くことを勧めています。

「編集者の3高」とは、「熱意」「理解」「販促」です。

編集者が心からあなたの作品を愛しているかどうかが重要です。

「どの出版社と仕事をするか？」ではなく、「どの編集者と仕事をするか？」なのです。

「編集者とはどのようにつきあったらよいですか？」

これは、初めて本を出す人にとって重要な問題でしょう。編集者はあなたの本を出してくれる水先案内人です。信頼されるおつきあいをしなくてはなりません。

私は、「礼儀を忘れず、常識的なつきあい方をすれば問題はありませんよ」とアドバイスするのですが、現実には非常識な作家もけっこう見受けられます。

1. 出版パーティーでいきなり企画書を手渡す。
「私の企画書を見てください攻撃」に、多くの編集者が迷惑しています。まず名刺交換をして、「企画書を見ていただけますか?」と連絡しましょう。

2. 企画書を見てもらっても礼状を出さない。
忙しい編集者は、限られた時間の中であなたの企画書を見てくれているのです。その編集者に対しては、お礼を伝えるのは当然です。礼状は、企画書の採用、不採用を問わず送ります。

3. 食事をごちそうになってもお礼を言わない。
編集者はよく喫茶店やレストランであなたの企画書にアドバイスをしてくれます。直接会ってくれるということは、「採用してもよい」という可能性があるからです。食事代が会社の経費でも、編集者のポケットマネーでも、必ず、お礼の一言を。

4. 編集者の意見を聞かない。

出版トラブルの約8割はコレが原因です。作家の書きたい本と、編集者の作りたい本が制作途中で噛《か》み合わなくなることがあります。

お互いに歩み寄り、内容の修正をしなくてはならないのですが、絶対に書き直さない方がいます。作家のプライドが異常に高く、ある種の信念を持っている場合、編集者と衝突して、出版が中止になることがよくあります。

こういう場合の基本姿勢は、「共にいい本を作りましょう」です。

編集者も作家も、「いい本を作りたい」ということでは思いは一致しています。

出版に関わる人がそれぞれの立場から、「いい本」にこだわり意見をぶつけあうことで厚みのある本ができていくのです。

お互いが納得する本を作るためには、編集者とのバトルも必要です。

良好なバトルを乗り越えて出版された本は、間違いなくレベルアップされています。

いい編集者と出会いたいのであれば、あなたの夢を熱く語ってください。

「こんな本を出したい」という明確なビジョンがあり、それを何年も繰り返し語っていると、その熱い思いを受け止めてくれる編集者が必ず現れるから不思議です。

本は「集中時間」に書く

いつ本を書いたらよいのか？

「私は、会社員で書く時間が取れません。いつ本を書いたらよいでしょうか？」

こんな初歩的な質問がよく来ます。

私は、迷わず「夜3時から朝6時まで」と答えます。

どんなサラリーマンやOLでも、夜の3時から朝6時までは執筆時間が取れます。

これが「集中時間」という考え方です。

夜中の3時は「草木も眠る丑三《うしみ》つ時《どき》」と呼ばれ、真夜中です。

このとき、人間の集中力は一番冴《さ》えます。

私は「執筆のゴールデンタイム」と呼んでいます。

なぜ、夜の3時が書くことに適しているのでしょうか？

第1の理由は、起きたばかりで頭の疲れが取れています。気力も体力も充実しているので、斬新な発想がどんどん湧いてくるのです。

第2の理由は、文筆に集中できます。

私たちが生活している24時間の中で、明け方ほど集中できる時間はありません。夜3時から朝6時までの3時間は、実質的に昼間の2倍の時間に匹敵します。

たった3時間で、数十ページ、筆が進むこともあります。「電話が鳴らない」ということが最も大きなメリットです。

電話は一方的にかかってきて、こちらの時間と集中力を奪うある種の「暴力」です。集中力とは「ノリ」のことです。ノリにのって書いていたときに、電話が鳴って、どうでもいい話を5分もされたらおしまいです。一度失われた集中力は取り戻せません。

夜の3時に起きてほしい理由は他にもあります。体が健康になるのです。うつ病などを予防するメラトニンが分泌されるのが夜中の12時から3時くらいまでだからです。

メラトニンは通称「若返りホルモン」とも言われ、体を健康な状態に保ってくれます。ですから、この時間帯に十分な睡眠が必要なのです。睡眠の時間帯はずらさないでください。

私はこの集中時間を利用し、1日に他の人の2倍の仕事をこなしています。
第1の仕事の時間帯は、夜3時から朝9時までの6時間。
第2の仕事の時間帯は、朝10時から夕方5時までの7時間です。
こうすれば、1日に2回の仕事時間が取れます。

参考までに私の毎日のスケジュールを書いておきます。スタートは夜の3時です。
起きてから、果物や青菜を10種類くらいミキサーに入れて野菜ジュースを作ります。朝食です。そのあと、メールをチェックしたり、原稿を書いたり、本を読んだり、テレビの録画番組を見たりします。1日の仕事の7割がここで終わってしまいます。

朝の10時からまた、新たな仕事がスタートします。

主に出版コンサルティングや編集者との打ち合わせ、本が出る作家と販促の打ち合わせなどをします。ときどき、セミナーに招かれて講師をやります。

日中、何も仕事の予定のないときは、自由時間を満喫できます。サラリーマンやOLが働いている間に映画も観《み》られるし、落語も聴けるし、大江戸温泉にだって行けます。鮨詰め状態の満員電車に乗ることもなく、平日の施設はたいてい空《す》いています。

「作家の1日のスケジュールを教えてほしい」とよく質問されるのですが、他の作家たちに聞いても、「早寝早起き型」はかなり多く見受けられます。

実際にやってみるとそう難しくはありません。まずは、夜の9時に寝て、3時に起きてください。その後は驚くほど仕事がはかどってびっくりしますよ。

あなたも「1日を2倍に活用する魔法の集中時間」を、ぜひ試してください。

自分との約束を破る人は本が書けない

本を書くための「時間作り」と「場所選び」

「本を書こう」と決めたとき、最後まで書ける人は「自分との約束を守れる人」です。「自分との約束を守れない人」は本を書けません。

たとえば、「日曜日の午前中は執筆活動に専念する」と決めた場合、それは自分との約束ですから、その約束は守らなくてはなりません。

時間の使い方のヘタな人に限って、「時間がない」と言い訳をします。

上手にスケジューリングできる人は、けっしてそんな「逃げ言葉」は使いません。

しかし、「絶対に、本を書くぞ！」と決心しても、なかなか書けない人がいます。

よくよく「書けない原因」を聞いてみると、じつは、物理的な問題だったりします。

「場所」と「時間」がないのです。

これを、もう少し深く掘り下げると、

場所とは、ひとりになれる「空間」のこと。

時間とは、邪魔の入らない「集中」のことなのです。

この問題は、家の中ではなく、外に出れば解決できます。

家に書斎のない人は、近くのファミリーレストランに行って執筆してください。コーヒー1杯で、何時間粘ってもかまわないのですから。

『ハリー・ポッター』シリーズの作者、J・K・ローリングは、生活保護を受けていたとき、自宅近くの喫茶店でコーヒー1杯だけ注文して8時間居座って執筆していたそうです。お金がなくても書く場所と時間は確保できるのです。

「書けない書けない病」の人は、自分自身と次の3つの約束をしてください。

【出版するための約束①】……**ネット環境を整える。**

本を書くためには、ネット環境が必要です。これは必須条件です。

ビジネス書も小説も差はありません。データ収集は不可欠です。


【出版するための約束②】……**類書を読む。**


類書は、参考になりそうなものを3冊読みます。3冊までです。

その内容が完全に頭の中に入ってから、他の参考図書を読んでください。

最初にたくさん類書を買いすぎると、逆に本が書けなくなります。


【出版するための約束③】……**書くための場所と時間を決める。**


日本は「紙と木の国」といわれるように、部屋が狭く、プライバシーの観念も希薄です。自宅に書斎を持つのは、なかなか難しいかもしれません。

自宅に書斎がなかったら外に作るという発想が必要です。

本を書くための約束は、自分自身と結んだ約束です。

もし破ったら、その報いはあなた自身に降りかかってきます。

「書けない理由」を探すのではなく、「書くための作戦」を考えましょう。

本はひとりで書く孤独な作業ではない

ネタの集め方はどうするのか？

社長さんが一番食いつく情報は何だと思いますか？

この答えは経営者12万人が読んでいる日本一のビジネスマッチングサイトを運営している、ＷｉｚＢｉｚ《ウィズビズ》の社長、新谷《しんたに》哲《さとる》さんから教えてもらいました。

「朝礼用のネタをメルマガで配信したとき、メールの開封率が一番高かった」そうです。日本の社長さんは、朝礼で何を話そうか、毎日、悩んでいるんですね。

『一天地六の法則』（カカトコリ著　サンマーク出版）という本をプロデュースしたことがあります。これは、朝礼ネタ83本を集めた本ですが、もともと著者の朝礼ネタは大人気で、サーバーが6回もパンクしてしまいました。

本のテーマは「ものの見方や価値観を180度ひっくり返す」ことです。

このとき、私の会社に著者を含めて10人ほどの有志に集まってもらい、「ネタ出し会議」をやりました。すると、おもしろいように100本以上のネタが出ました。

「日本の国旗の日の丸は、旗の真ん中にあるんじゃなくて、左側に1%ずれている」

「4億年生きているクラゲがいるって知ってる？」

「飛行機が空を飛ぶのは、じつは科学的に証明されていないんだって」

「世界最古の名刺は石だった！」


みんなで集まってアイデアを出し合うと、ネタの内容がおもしろいかどうか、参加者の反応によってリアルにわかります。ネタの選別もそこでできるのです。


『朝バナナダイエット』（ぶんか社）の作者の「はまち。」さんは、ミクシィで朝バナナの効果を実践してくれる無料アドバイザーを募り、1年以上データを集めました。

そして、300件を超える成功報告を元に単行本を出版すると、ミリオンセラーになりました。

このように、ネットのソーシャルメディアを利用して本を作る方法もあります。

私もアンケート調査会社を使って本を書いたことがあります。

『老後の予習　不安を解決する60のポイント』（文芸社）という本です。

「あなたは自分の老後にどんな不安を持っていますか？」

という質問を用意して、マーケティングリサーチ会社、ハー・ストーリィに1000人のアンケートを集めてもらいました。その中で、多くの人々が最も不安に思っている上位「ベスト60」の悩みを解決する本を作ったのです。

本を書くとき、ネタ集めの方法は、作家の数だけあると言ってもいいでしょう。

インターネット、書店、古本屋、図書館、テレビ、ラジオを利用するもよし。

新聞、雑誌、会報、専門誌、大宅文庫のストックデータを閲覧するもよし。

専門家、研究者、評論家、大学教授に聞いてもいいでしょう。

私のように、アンケート調査会社を利用する裏技もあります。

一番よい方法は、ひとりで悩むのではなく、たくさんの人に相談することです。

ぞうりむしが「行動しなさい」と教えてくれた

情報は取りに行かなければ得られない

本には、「生きている本」と「死んでいる本」があります。

生きている本には、今まで知らなかった情報が満載されています。

逆に、死んでいる本は、どこかで聞いたような情報ばかりです。

本は情報によって構成されています。情報は行動しなければ得られません。

これは、高校の生物の実験でぞうりむしが私に教えてくれたことです。

ぞうりむしはアメーバがほんのちょっと進化した単細胞動物の原点です。

その運動を観察すると、行動することによって情報を得ていることがわかります。

彼らは手足がないので、繊毛《せんもう》を動かすことによって移動します。

移動することによって、エサがあるかないかを確かめているのです。自ら行動することによって情報を受信することが生命現象の基本です。ぞうりむしはそれを実証しているわかりやすいモデルです。

作詞家、芸能プロデューサーの秋元康さんに私が面会を希望して、一度だけお酒を飲んだことがあります。

彼は年間1000人以上の人たちと会っています。その人たちとの接触の中から、映画の原作を考えたり、本を書いたり、テレビでコメントをしたりしています。

秋元さんが話してくれたなかでとくにおもしろいと思ったのは、「1年に一度は、自分が嫌いな人と会うようにしている」という彼のルールです。秋元さんによれば、嫌いな人は自分そっくりなので、その人を見て慢心しないようにしているのだそうです。

私は、有益な一次情報を得る方法は「人との接触以外にない」と思っています。

すべてネットで情報を得られると思っているとしたら大きな間違いであり、今すぐその考えを改めたほうがいいでしょう。

人こそ情報の塊です。情報を発信するのは人という生命体以外にありません。
この場合の情報とは「相互に影響を与えるエネルギー」のことです。
ネット上には無数のデータが散乱していますが、エネルギーの交換はできません。

1冊の本はエネルギーの塊です。
だから、多くの人に感動や影響を与えることができるのです。

行動しないかぎりエネルギーは手に入りません。
情報を発信している人と出会わなければいい作品は書けないのです。

ここで、情報価値の高さについても説明しましょう。

「向こうからやってくる人より、自ら動いて会った人のほうが情報価値は高い」

これが、「情報価値の絶対ルール」です。
人と人とが目的を持って会う場合、その2人は「お土産《みやげ》を持っている人」と「お土産をもらいたい人」にわかれます。

こちらから会いに行くときは、「お土産」をもらいに行くわけです。

あなたのほうから行かないかぎり、相手は何もお土産を与えてくれません。

逆に考えると、向こうからやってくる人は「お土産」を持ってきません。

お土産がほしいからやってくるのです。

何も用がない人は、あなたに電話をかけてきません。

また、あなたも何も用のない人に電話はかけません。おたがいにお土産をあげたり、もらったりする関係だから電話をかけたり会いに行ったりするのです。


ときどき、「私は人と会うとき、何もお土産をもらわないし、渡さないよ」と言う人がいますが、とんでもない！　最大のお土産は「時間」です。

「人に会う」ということは、おたがいの貴重な時間を費やしているのです。

これは相手に、大金を支払うことと同じです。「人に会う」という行為は、自分の人生の最も貴重な財産の一部を提供しているのです。

私たちは、たぶん、ぞうりむしより進化しています。

人と会うときには、おたがいに有益な情報を交換したいものです。

作家は本を書いているとき「作家脳」になっている

「カラーバス効果」で本のネタを集める

「カラーバス効果」を知っていますか？

これは心理学用語のひとつで、直訳すると「色を浴びる」という意味です。

たとえば、「今日のあなたのラッキーカラーは黄色」と占いで言われると、一日中、黄色いものが目に飛び込んできます。

あるとき、私は風邪をひいて薬局を探して歩いていました。すると、町にはこんなに薬局があったのかと思えるほどたくさんの薬局が目についたのです。

つまり、脳が意識した情報に敏感になるわけです。
私は、これを「作家脳」と呼んでいます。

「作家脳」になるためには、まずは、頭の中にアンテナを立ててください。アンテナを立てないと、どんなにいい情報でもあなたの頭の上を素通りしてしまいます。

アンテナを立てると、本を読んでも、新聞を見ても、人と会って話しても、あなたが書きたい内容が知らないうちにどんどんキャッチされていきます。

「頭の中のアンテナ」で情報をキャッチしたら、必ず、メモしてください。

そのメモが、あなたにお金と幸せをもたらします。

私は大学を卒業してから、『週刊朝日』の編集部でフリーのライターをしていました。ときどき、グラビアの特集やニュース記事の取材もしていたのですが、ほぼ毎週書いていたのは、「デキゴトロジー」というウソのような笑える「実話」を集めたコーナーです。

私は友人や知人に会うたびに、「何か笑えるネタはない？」と聞いて回りました。笑えるネタは、だれでもひとつや2つ持っています。自分の失敗談でもいいし、親兄弟の体験談でもいいのです。

たとえば、私はこんな話を『週刊朝日』で記事にしました。

「ＮＴＴで伝宝《でんぽう》さんという苗字の人が電報配達をしていた」

「杉並区に住む吉田さんのうちに4人の子どもが生まれ、名前を上から順に、そうくん、ゆうくん、ことちゃん、かなちゃんと名づけた」

続けて読むと「そう、ゆう、こと、かな？」になります。

「おにぎりを作るとき、指をぺろっとなめて、海苔《のり》を巻いていたおにぎり屋さん」

一見、くだらないと思えることも記事として掲載されたのです。

こんな街ネタは、アンテナを立てるだけで、山ほど拾えました。

1ヵ月で、私のメモ帳はぎっしり埋まりました。

メモは私にとって貴重な財産でした。内容が直接、原稿料になったのです。

もうひとつ、『週刊朝日』時代に教えてもらったことがあります。

情報価値を高める方法です。

①頭の中のアンテナに引っかかったたくさんの情報の中から、何が重要で、何が重要でないかの選別をする方法（情報の取捨選択）。

②アンテナに引っかかった情報を単体で記事にするのではなく、組み合わせたり、体系化したりすることで、より高い価値を作る方法（情報の組み合わせ）。

③情報は、どの角度から見るかで、伝え方も伝わり方もまるで違う。切り口を変える、着眼点を変える方法（情報の視点）。

その後、私は活動の舞台を週刊誌から書籍に移しますが、取材という戦場の最前線で身につけた「アンテナの立て方」と「情報価値を高める方法」のおかげで、本を書くときに他の作家よりだいぶ有利に仕事を進められました。

私が数多くのビジネス書を執筆できたのも、週刊誌時代の下積みがあったからです。当時、アドバイスをしてくれた編集者には今でも感謝しています。

古本屋に行くとベストセラーの周期がわかる

売れる本の未来予測

私はよく古本屋さんに行きます。

会社が池袋なので、昔はよく自転車で早稲田の古本屋に通っていました。

古本屋通いを続けているのには、２つの大きな理由があります。

1．ベストセラーの流行が、一定の周期で来ることがわかる。

2．古本屋はかつて売れた本の宝庫で、未来のリサーチに使える。

まず、ベストセラーの周期ですが、これは本によって5年周期、10年周期、20年周期にわかれます。たとえば、２０００年に発売された本で『光に向かって１００の花束』（高森顕徹著　1万年堂出版）という本があります。この本は66万部売れています。それから約4年後に発売された『キッパリ！』（上大岡トメ著　幻冬舎）は130万部売れました。この2つの本は非常によく似ています。

どちらも人間関係や仕事の悩みを解消し、元気が湧くエピソードを集めています。1話3分から5分で読めるショートストーリーになっている点も共通しています。この2冊の類似性から推測すると、また数年後、同じようなテーマの本が大ベストセラーになる可能性が高いことがわかります。

古本屋と新刊書店を比べた場合、古本屋のほうが本のリサーチに適しています。昔、こんな本があったのかと思える斬新な切り口の本が売られていたりします。そんな発想で考えた本は、新しい本屋さんには売っていないのです。かつて売れたベストセラーの宝庫と、これから世に出て消えていく書籍たち、あなたはどちらに価値を感じますか？

時代は巡ります。古本屋に行くと売れ筋の周期がわかります。次にやってくる本のブームまで予測できるのです。

「取材拒否」が「取材歓迎」に変わる質問力

取材をするときの裏技を教えます

あなたが作家活動を続けていくときに、避けられない作業があります。

それは、「取材」です。ところが取材のやり方や必要性を知らない方はけっこう多くいます。

もし、世の中に「本物の作家」と「そうでない作家」がいるとしたら、私は本物の条件として、本を書くときに人や会社などをいかに「取材」しているかを挙げます。

中身が薄い本は、明らかに取材不足です。

私はライター時代に毎日、芸能人やスポーツ選手に電話をかけまくっていました。

そのときに使っていた「必ずアポイントメントが取れる」㊙《まるひ》テクニックをお伝えします。

まず、取材対象者に電話をして、面会の約束を取ります。

このアポ取りの電話にもコツがあります。単刀直入に「取材をさせてください」ではダメなのです。これでは何本電話をかけてもおそらく、「今回はご遠慮させていただきます」と丁重に断られてしまいます。

では、どのようにしたら「ＹＥＳ」と言ってもらえるのでしょうか？

【取材の裏技①】……取材相手に取材の方法を教えてもらう。

取材のアポ取りの悪い例です。ほとんどの人がコレをやっています。

×「ぜひ、取材させてください」

正しいアポ取りでは、こう質問します。

○「どのようにすれば取材させていただけますか？」

相手の立場に立って考えてみてください。毎日、いろいろな方から取材依頼が来るわけです。いちいち対応できないし、対応できない場合は「取材拒否」となります。

しかし、取材できる方法が、必ず、ひとつくらいはあるのです。

ですから、こちらから一方的に「取材させてほしい」とお願いするのではなく、「何か取材を受けてもらう方法があるはず。それを教えてほしい」と頼むのです。

質問のしかたを変えるだけで、「取材拒否」が「取材歓迎」に変わります。

私はこの方法で、大物アーティストや政治家の取材を何度かセッティングしました。

そのとき、芸能マネージャーから教えてもらった、さらに強力な裏技もあります。

「新曲発表のときには、どんな大物ミュージシャンも取材を受ける」そうです。

これは、芸能界の力関係です。アーティストは音楽配給会社との契約で、新曲を発表するときにはマスコミの取材を受けるように言われているからです。

【取材の裏技②】……本の企画書をあらかじめ作成しておく。

取材をするにあたって、「本の企画書を見たい」と言われたら、あらかじめ作っておいた本の趣旨をまとめた企画書を、すかさずファクスします。

ファクスを送ったら、「届きましたか?」とその場で電話しましょう。

「最初から企画書を用意してくれていたんだね」と好印象を持たれます。

相手に要求されてから泥縄式に企画書を作る作家は意外に多くいます。

それは取材者として失格です。

【取材の裏技③】……取材相手の利益になることを提案する。

取材を断られたからといって、あきらめてはいけません。

私は、ソニーやトヨタ、キヤノン、サントリーなどの日本を代表する大企業の本を作ってきました。最初に広報部に直接電話をして企画の趣旨を説明しても、ほとんどの企業からあっけなく断られてしまいました。しかし、そこでくじけてはいけません。

「この本が出ることによって、御社のイメージが上がり、リクルート活動にも非常に有益です。そういうことをやるのが広報のツトメではないのですか?」

と、いくつもメリットを書き出し、直接、広報部の担当者に会いに行きました。すると、今度は見事に企画がとおりました。

取材のコツは、じつは「熱意」だったりするのです。

取材相手はあなたの熱意を見て、信用できる人物かどうかを判断しています。

「いい本」は1％の積み重ねで作る

ひと手間の積み重ねで「幸せな人生」が手に入る

私は本を書くとき、「1％のマーケティング」を重要視しています。

「1％のマーケティング」とは、ほんのひとつでいいので、工夫を積み重ねることによって、結果的に全体の量や質がまるで変わってしまうという原理です。

「くちこみ」がテーマの本を作ったときのことです。「くちこみ」という言葉には、ほかにも「口コミ」や「クチコミ」などさまざまな表記があるなか、ネット上ではどれが一番使われているのかを調べました。

当時、「くちこみ」のヒット率を100万件とすると、「口コミ」は8000万件、「クチコミ」は6000万件という結果になりました。

ということは、ネット検索で上位に来るタイトルは、「口コミ」で、これをタイトルに使ったほうが、よりたくさん本が売れるということなのです。

1%の積み重ねは、わかりやすい言葉で言うと「ひと手間の工夫」です。

たとえば、文章を読んでいて、「この表現を少し変えるともっとわかりやすくなるのに」と思うことがあります。そう思ったら、その場で修正をします。

あるとき、私はビジネス書のキャッチコピーを考えていて、「投資」という言葉が何だか難しく思えて、「お金がお金を生み出す」という言葉に換えました。「投資」という経済用語よりはるかにわかりやすく、読み手に理解されると思いませんか?

私は学研やひかりのくになどでたくさんの童話を書いています。

たとえばお料理ロボットが厨房《ちゅうぼう》で料理を作るお話を書きました。けれども、「厨房」という言葉は子どもにはわかりません。その場合は、「台所の奥」という表現にします。

このようにひとつずつ改善を繰り返すだけで、最初の母数に小さな1が加算され続け、結果的に全体を見ると、30%も50%も成果が違ってくるのです。

1は目に見えないわずかな数字ですが、足していったら、いつの間にか大きな数字になっているのです。

この「1%のマーケティング」は、本が私に教えてくれました。常に「いい本」を作ることを考え、その本を1冊でも多く売ることを考え続けた結果、自然と体得したことです。これは本作りだけではありません。

「すべての幸せは1%の積み重ねで達成できる」と言っても過言ではありません。「人生で成功する人、成功しない人」の違いは、この1%の積み重ねで決まります。

1%を積み重ねて悪い結果になるはずがありません。
ビジネスも、受験も、恋愛も、家族関係も、すべてがうまくいきます。
あなたの収入も、他人から受け取る愛情もアップします。
環境や待遇もどんどんよくなっていきます。
小さな積み重ねが、やがて目に見える結果となって返ってくるのです。

第4章
間違いだらけの本作り

9割の作家が間違った本作りをしている

今すぐ売れる本は書いてはならない

「今すぐ売れる」は「今すぐ消える」

9割のビジネス書が間違った方法で作られています。

多くの方から反論されることを承知で、私はあえてそう指摘したいと思います。
あなたが書きたい本、書いている本は、方向性が間違っている可能性が高いです。
なぜ、9割もの本作りが間違っているかというと、それは、ほとんどの本が、

1. 今すぐ書ける本
2. 今すぐ売れる本

になっているからです。

「時代の大きな波」をつかんで書かれた本はベストセラーになります。

ところが、「一時的なブーム」を追いかけて本を書いている作家もいます。


「今すぐ売れる本」は、裏返して考えると「今すぐ消える本」と同じなのです。


とくに、編集者は、「先生、今すぐ売れる本を書いてくださいよ」と執筆を依頼してきます。しかし、その誘惑に乗ってはいけません。

確かに、ブームに迎合した本は爆発的に売れることもあります。ところが、「今すぐ売れる本」を書いた瞬間、あなたは「消費される作家」になってしまいます。

私はビジネス作家の知り合いが500人ほどいるのですが、だいたい3年後には5割が消え、5年後には7割がもう本を書いていません。

その理由は、間違った本作りをしているからです。

「今すぐ書ける本」「今すぐ売れる本」を急いで書いてはいけません。

また、私は本を書きたいと思っている方に、最初に2つの質問をします。

1. あなたが書きたい本はどんな本ですか?
2. あなたは本を書いた後、どうなりたいですか?

初めの質問は、「本を書く前のイメージ」を探っていきます。
次の質問は、「本を書いた後のイメージ」を探っていきます。

「本を書く前のイメージ」を聞くのは、じつはその答えを否定するためです。

とくに経営者は「成功した体験を語りたい」と言うのですが、読者から見たらそれはどう表現しても自慢話なのです。

「本を書いた後のイメージ」を聞くのは、「引き寄せの法則」の効果を狙うためです。

紙に書いた「なりたいイメージ」が視覚を伝って脳内にインプットされると、その夢に向かって無意識に行動するようになります。

思考や行動や生活習慣がちょっとずつ変わるのです。

私が本作りに関わった方は、本が出て2年くらい経って「あなたは本を書いた後、どうなりたいですか?」という質問に答えたメモを再び見てびっくりします。

「全部、現実になっている!」と言うのです。

「本を書いた後のイメージ」は、ボールペンではなく、赤いマジックペンで書くことがコツです。

ふだんとは違う文字の大きさ、違う色で書くと脳に強くインプットされます。

その夢を実現するために、考え方が変わり、時間の使い方が変わり、つきあう人が変わり、入ってくる情報も変わっていきます。

そして、本を出すことによって、人生のステージがワンランクアップし、いとも簡単に自分の夢をかなえてしまうのです。

1冊の本のテーマはひとつだけ

本作りの３つのシンプルルール

出版のルールについて説明します。

何冊も本を出している作家でも、本作りのルールを忘れている方がいます。

たまたま1冊目が売れても、２冊目がまったく売れないことがあります。

それは、出版のルールから外れているからです。

本を作るときには、３つのシンプルルールを守ってください。

1. 1冊の本のテーマはひとつである（テーマ）。

2. 1冊の本の読者対象はひとつである（ターゲット）。

3. 1冊の本で解決する問題はひとつである（問題解決）。

【第1のルール】……テーマはひとつだけ。

テーマとは、作者が訴えたいこと、伝えたいことです。

たとえば、私が関わった本で、『ねこ背は治る！』（小池義孝著　自由国民社）は3年間で37万5000部売れました。

この本のテーマは「ねこ背が治る」であり、「腰痛」や「肩こり」は治らなくてもよいのです。ところが、ほとんどの人が欲張って、「ねこ背」も「腰痛」も「肩こり」も「首の痛み」も「手足のしびれ」も治る方法を全部本に書いてしまいます。

すると、逆に本は売れなくなってしまいます。これが一番、悪いパターンです。

【第2のルール】……ターゲットは明確に。

たとえば、ビジネス書で年間一番多く出版される本は、「営業」の本です。

なぜなら、日本で一番多い職種が「営業」だからです。

もちろん、その読者対象は「営業マン」です。ところが、営業マン向きの本なのに、チームリーダーの指導論が入ったり、経営者の哲学が書かれたりします。

すると、だれのために書かれた本かわからなくなってしまいます。

【第3のルール】……ひとつだけ問題を解決する。

本を読むことによって読者は悩んでいた問題が解決します。

また、作家は表現することで自分の自己実現や夢の達成ができます。

たとえば、あなたが有名になりたいと願って、株式投資や資産運用の本を書いた場合、そのテーマで講演依頼やマスコミからの取材依頼が来ることがあります。

しかし、欲張ってはいけません。かなう夢は、たったひとつなのです。あれもこれも手に入れようとすると、結局何も手に入りません。

この3つのルールを無視している本は、書店からすぐに消えてしまいます。

シンプルルールを守っている本は、書店で長く売れ続けます。

登山をするときに3つしか持っていけなかったら？

本は「戦略」「戦術」「ターニングポイント」で作る

もしも、登山をするときにたった3つのものしか持っていけないとしたら、あなたは何を持っていきますか？

これは、私が出版セミナーでよく出題するクイズです。

じつは、このクイズは出版の「戦略」を練るためにとても適しています。

受講生が100人いたら100人とも違う回答をするのがおもしろいですね。

たとえば、「おやつ、傘、携帯電話」と答えたサロン経営者がいました。

このサロン経営者にとって、登山はピクニックのようなもので、ずいぶん低い山をイメージしているようです。こんな方は、高い山に登ると遭難します。

「おにぎり、登山服、テント」と言った会社役員もいます。

しかし、残念ながら、この方も遭難します。

1. まず、「食糧」（水を含む）を用意していない人は、論外です。

2. 次が、「装備品」です。サンダルとか、ハイヒールとか、スカートではダメです。登山靴、防寒具、寝袋、ガスコンロ、テントなどが「装備品」に入ります。

3. そして一番重要なのが「地図」です。

地図がないと道に迷います。山で道に迷ったら確実に遭難します。

登山と同じように、本を書くときにも「地図」が必要です。地図とは、

「本を書く目的や達成したい夢」（Ｗｈａｔ⬇戦略）

「夢をかなえる方法」（Ｈｏｗ⬇戦術）

「本を書く動機やテーマ」（Ｗｈｙ⬇ターニングポイント）のことです。

この地図を作ることによって、あなたは、今、自分がどこにいて、どこに向かっているかがわかります。地図を手に入れてから本の執筆に取りかかってください。

目的発見の登山図

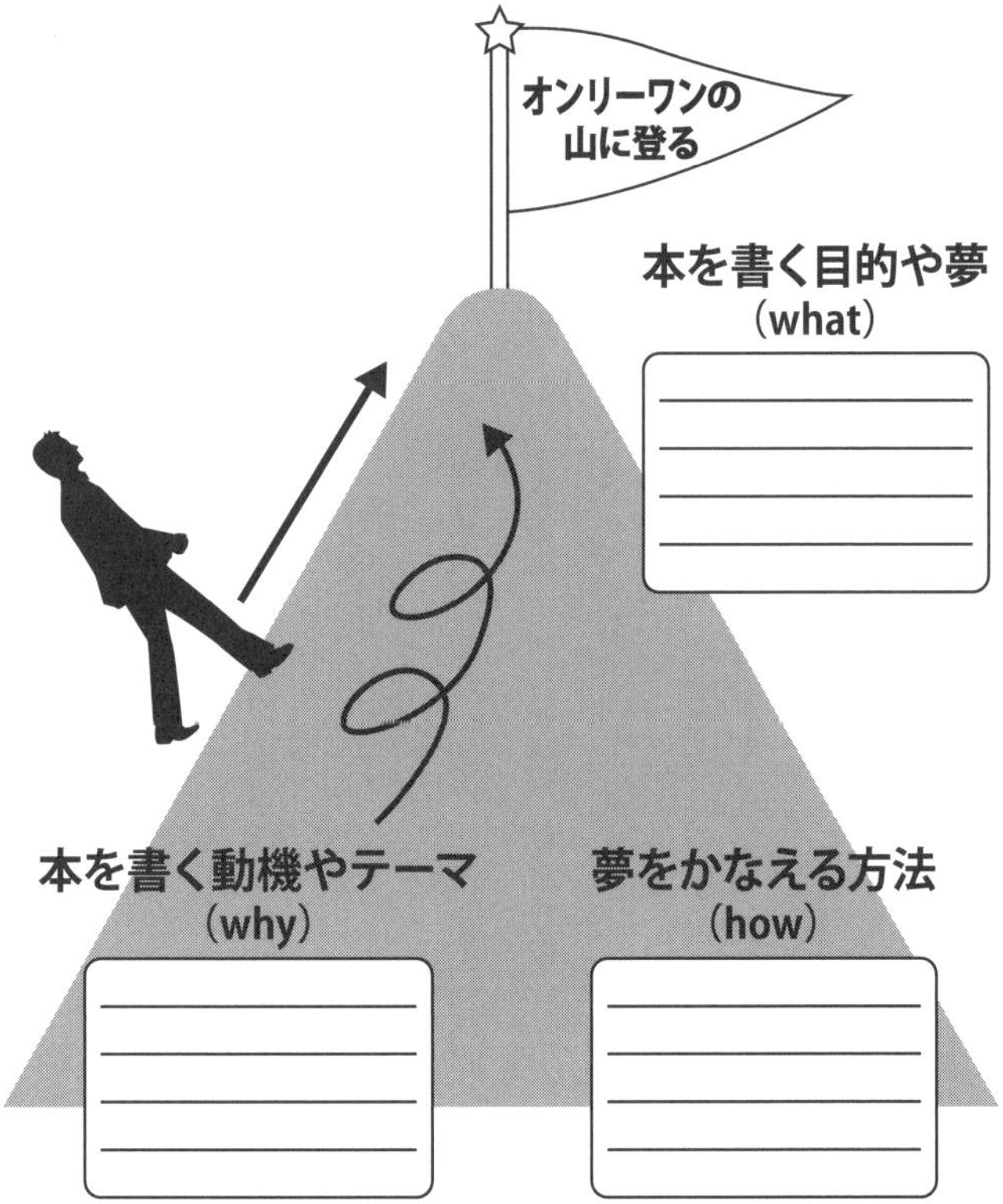

本を書く目的、動機、方法について書き出すと
自分が何をすべきかがはっきりしてきます。

© 2004 Tensaikojo Co., Ltd. All Rights Reserved.

出版を「戦略」と考え、次の3つを徹底的に書き出してください。
あなたが本を書くことによって達成したい夢は何か？（戦略）
夢を達成するために出版も含めてどんな方法があるか？（戦術）
あなたはなぜその夢をかなえたいのか？（ターニングポイント）

「戦略」というと、とても難しいと思う方がよくいますが、じつはとても簡単なことです。それは、あなたの「夢」であり、「人生をかけて達成したいこと」です。

戦国武将の織田信長を例にとって説明しましょう。

●戦略→日本を武力で統一したい（「天下布武」を宣言）。
●戦術→実力主義で家来を起用した（豊臣秀吉、明智光秀など）。
●ターニングポイント→古い体制を打破したい。奇襲攻撃（桶狭間の戦いで勝利）。

1560年、織田信長は人生最大の危機に陥ります。
圧倒的な数で勝る今川義元に攻められ、降伏か戦闘かの二者択一を迫られます。

敵兵2万5000人に対し、味方は2000人です。

しかし、確固たる戦略のある信長にとって、「降伏」という選択はありえません。

そこで、彼は情報を集め、悪天候を利用し、ゲリラ戦によって今川義元の首を取ります。有名な「桶狭間の戦い」ですが、この戦で一番恩賞を与えたのは、敵将の首を取った武将ではなく、今川義元の陣地をつきとめた部下です。

織田信長は、唯一、情報の価値がわかっていたため戦国の覇者になれたのです。


多くの人たちは、自分が何をしたいのか、何のために生きているのか、自分の人生と向き合っていません。私たちは外側の人間関係に生きていて、内側の自分との対話をしたことがないのです。


本を書くとき、初めて自分自身と向き合うのです。

これは決して大げさなことではなく、私は、戦略的に生きている人は1000人にひとりもいないと思っています。

本を書く過程が、あなたにとって一番大事なことを教えてくれるでしょう。

書きたい本・書ける本が見つかる5つの輪

本を書くテーマの見つけ方

「戦略」とは、あなたの夢です。

「戦術」とは、夢を達成する方法です。出版はそのひとつです。

そして、「ターニングポイント」とは、本のテーマのことです。

ほとんどの作家が自分の「専門分野」に焦点を当てて本を書いていますが、それはあなたが持っているテーマのほんのひとつにすぎません。

テーマをより簡単に見つけ出す方法があります。

それは、あなた自身の人生を振り返り、客観的に分析することです。

私たちは、過去、現在、未来と、３つの異なる軸を持っています。

それを分解したのが、「書きたい本・書ける本が見つかる5つの輪」です。

過去の輪は、「お金」と「時間」です。
現在の輪は、「専門性」と「ネットワーク」です。
未来の輪は、「ライフワーク」です。

では、5つの輪からどうやって本のテーマを探したらいいのでしょうか?

【お金】……私たちはものを買ったり、サービスを受けたりするとき、そこにお金以上の価値を見出しているわけです。お金の輪が出版につながった例としては、サッカー選手のフィギュアを買い続けた人が、その写真集を出版して売れたことがあります。

【時間】……時間をかけることも価値の変換です。私たちは人生で一番貴重な時間よりも価値があると思って何かに熱中しているわけです。ですから、映画評論家は映画の本が出せるし、料理研究家は料理の本を出すことができます。

【専門性】……職業の他に特技や趣味があります。免許、免状、資格、認定なども含まれます。先祖代々の職業も、生まれ育った土地も専門性の輪に入ります。

私が出版をお手伝いした本に『南の島で、暮らそうか！』（バンガートめぐみ著　角川書店）があります。「沖縄の離島暮らし」というだけでも本のテーマになるのです。

【ネットワーク】……ネットワークは、「情報」と「人脈」にわかれます。

あなたはどんな情報を受信しているか、発信しているか？

どんな人たちとつきあっているのか？　それが本を書くテーマとなります。

【ライフワーク】……あなたが「一生続けていくこと」です。また、「これをやり残したら死ねないこと」です。その思いが魂のこもった本を作ります。

なぜ、５つの輪を書き出すだけで本のテーマがわかるのでしょうか？

それは、あなた自身の「こだわり」と「価値観」が客観視できるからです。

書きたい本・書ける本が見つかる5つの輪

「５つの輪」によってあなたが書く本のテーマが見つかります。
本のテーマとは「戦法」のことです。

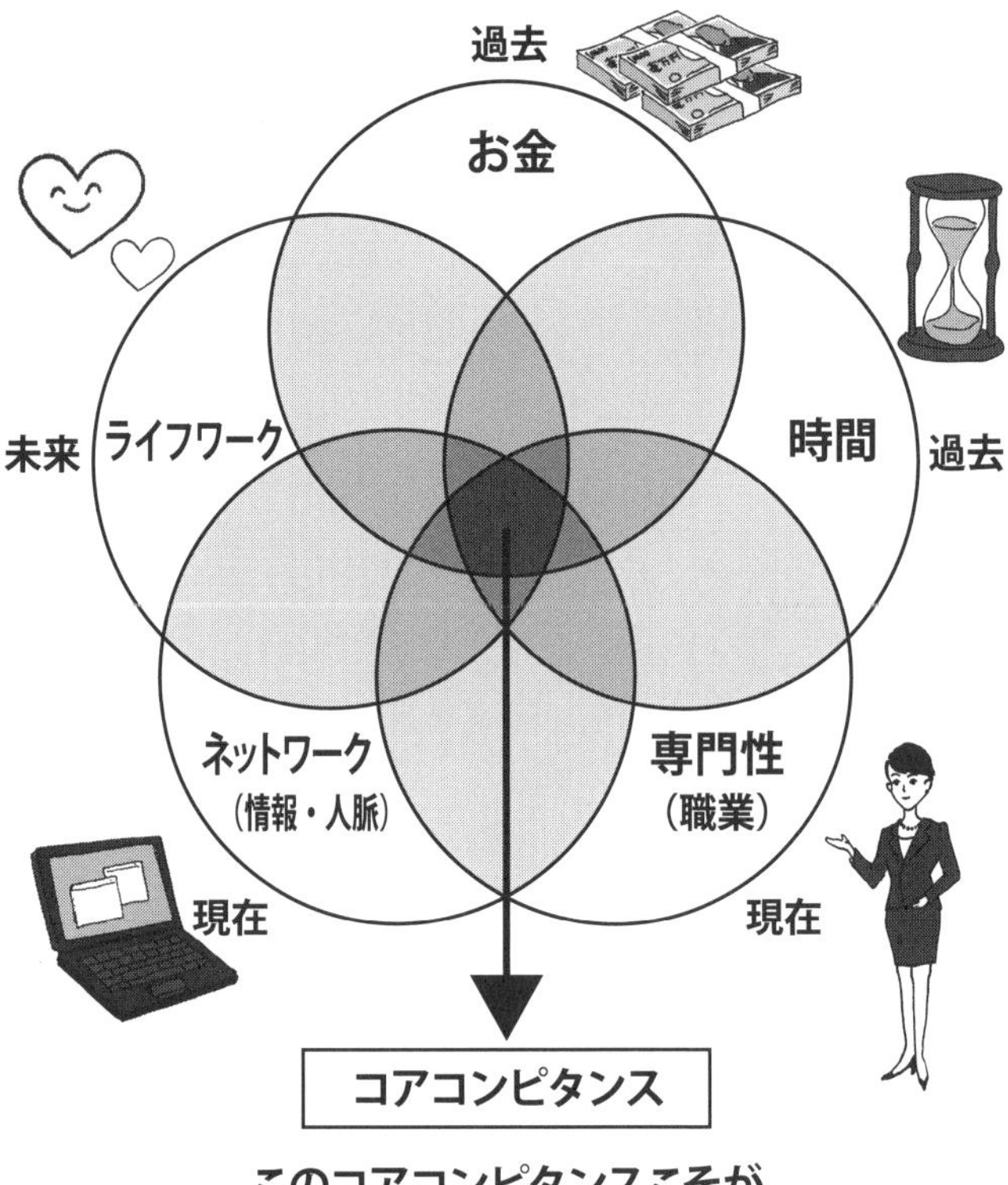

このコアコンピタンスこそが
あなたが本を書く「テーマ」になります。

© 2004 Tensaikojo Co., Ltd. All Rights Reserved.

５つの輪からどうやって本を作っていくのか、具体例で説明しましょう。

航空機リース会社の社長さんの本を作ったことがありました。

この社長さんは商社マン時代、中東のインフラの設置を任されていたのですが、休日には砂漠の村々を回ってオイルランプを収集していました。

古代のランプは「ローマンランプ」と言われ、紀元前のものもたくさんありました。

その社長さんは１２００個くらいのランプを集めていて、大英博物館に次いで、世界一の個人収集家なのです。そこで、私が本につけたタイトルは、『魔法のランプの磨き方』（中山智夫著　幻冬舎）です。

本のテーマは、「ランプ磨き」です。つまり、「ひとつのことを一生懸命やり続けると夢はかなう」という人生の真実を、『アラジンと魔法のランプ』の昔話にたとえて本のタイトルにしたのです。

これが５つの輪の中心、「コアコンピタンス」と呼ばれる核を見つける方法です。

５つの輪は、あなたの人生の「パノラママップ」であり、あなたの中に眠っている才能を発掘する「宝の地図」なのです。

あなたの夢はたった3種類しかない

最後まで本を書くコツは「属性」を知ること

「あなたのかなえたい夢を書き出してください」

というと、たくさんの人たちがたくさんの夢を書き出します。

私たちは欲望の生きものです。あれもしたい、これもしたいと欲張りますが、じつは、私たちの達成したい夢は、たった3種類しかないと言ったら信じますか？

1．ビジネス（Bタイプ）……仕事とお金が大好きです。

向いているテーマは、お金、仕事、成功、効率アップの本などです。

2．プライベート（Pタイプ）……ふらふらとどこかに飛んでいきます。

向いているテーマは、旅、グルメ、体験記、自由な生き方・趣味の本です。

3．ソーシャル（Sタイプ）……平和を好み、世の中を変えていきます。
向いているテーマは、社会、家族、人間関係、学校、教育、医療などです。


人間の欲望はたった3種類だったのです。4番目はありません。

そして、すべての人はBタイプか、Pタイプか、Sタイプに偏ります。

この3つのタイプのどれかが、あなたの「属性」です。


あなたは何タイプですか？

本を書くときには、必ず、自分の属性を知らなければなりません。

なぜなら、自分の属性がわかると執筆の途中で投げ出すことがなくなるからです。

最後まで書けない理由は、「属性」が違う本を書いているためです。

ビジネスが大好きな「ビル・ゲイツくん」が、「世のため人のため」に本を書いていたら、途中で嫌になります。「ビル・ゲイツくん」は「こうしたら成功する」というバリバリのビジネス書を書いてください。それなら、最後まで楽しみながら書くことができます。

夢の3つのタイプ

あなたの「属性」は何ですか？

ビジネス	プライベート	ソーシャル
Bタイプ	Pタイプ	Sタイプ
「会社を大きくしたい」	「高級車がほしい」	「ボランティアしたい」
「もっと儲けたい」	「別荘がほしい」	「世のため人のために尽くしたい」
「いい商品を作りたい」	「海外旅行したい」	「他人に奉仕したい」
「従業員をたくさん雇いたい」	「家族と触れ合いたい」	「感謝されたい」
「株式上場したい」	「お金と時間から自由になりたい」	「学校を作りたい」
「後継者を育てたい」		
愛称は「ビル・ゲイツくん」	愛称は「パーマン」	愛称は「ドSくん」

各タイプに合った本を書きましょう。

© 2004 Tensaikojo Co., Ltd. All Rights Reserved.

「ヒーローズマーケティング」で愛される人になる

魅力的なプロフィールはN字グラフで作る

「出版企画書が送られてきたとき、真っ先に作家のプロフィールから読む」という編集者は意外にたくさんいます。

なぜかというと、代替のきく作家であってはならないからです。

編集者は、ベストワンかオンリーワンの作家を求めています。

ですから、プロフィールはエッジを立ててください。

プロフィール作りも多くの方が間違っていると言わざるをえません。

1．作家のプロフィールが「履歴書」になっている。

どこの大学を卒業したか、どんな資格を持っているか、どんな会社を渡り歩いたか、延々と書いてあるプロフィールがよくありますが、これでは履歴書です。編集者が期待しているのは過去ではなく、今、何をやっているのかです。

たとえば、あなたはデートするときに、恋人に「職務経歴」から説明しますか？「今、何に情熱を注いでいるか」を熱く語ってください。

2. エッジが立っていない。

多くの本に書かれているプロフィールは、万人に好かれようとする説明文です。万人に好かれる必要はないのです。10人中9人が嫌いと思ってもいいのです。たったひとりの編集者に「絶対に会いたい！」と思わせれば勝ちなのです。

プロフィールは、編集者に興味を持ってもらうためにも、読者に愛されるためにも重要です。じつは、魅力的なプロフィール作りの方法は4000年前からありました。

私はその手法を「ヒーローズマーケティング」と名づけました。

そのベースは『神話の法則』（クリストファー・ボグラー著　ストーリーアーツ&サイ

エンス研究所）にあります。ギリシア神話に登場するヘラクレスを始め、日本の『古事記』で活躍する日本武尊《やまとたけるのみこと》など、あらゆる神話、伝説、昔話、おとぎ話に登場するヒーロー、ヒロインは、左図のAからDまで、N字のグラフのとおりの人生を送っています。

そして、このN字に沿った主人公は必ず、読者から愛されるのです。

私たちは、成功しているだけの人を愛することはできません。

成功して巨富をつかんだ人は、ねたまれたり、うらやまれたりします。

人生のどこかで失敗し、大きな危機に陥り、それを克服するために大変な苦労をした人、知恵をしぼって困難を乗り越えた人だけが読者から愛されるのです。

「ヒーローズマーケティング」をもっと詳しく学びたい方は、ぜひ、カリスマと呼ばれている経営者の自伝を読んでください。

偉大な経営者ほど、不遇な過去を背負っています。

不遇な過去への反発が大きなエネルギーとなって成功を引き寄せています。

ヒーローズマーケティング

◉ヒーローズマーケティングとは？

◉神話の法則とは？

◉愛されるプロフィールとは？

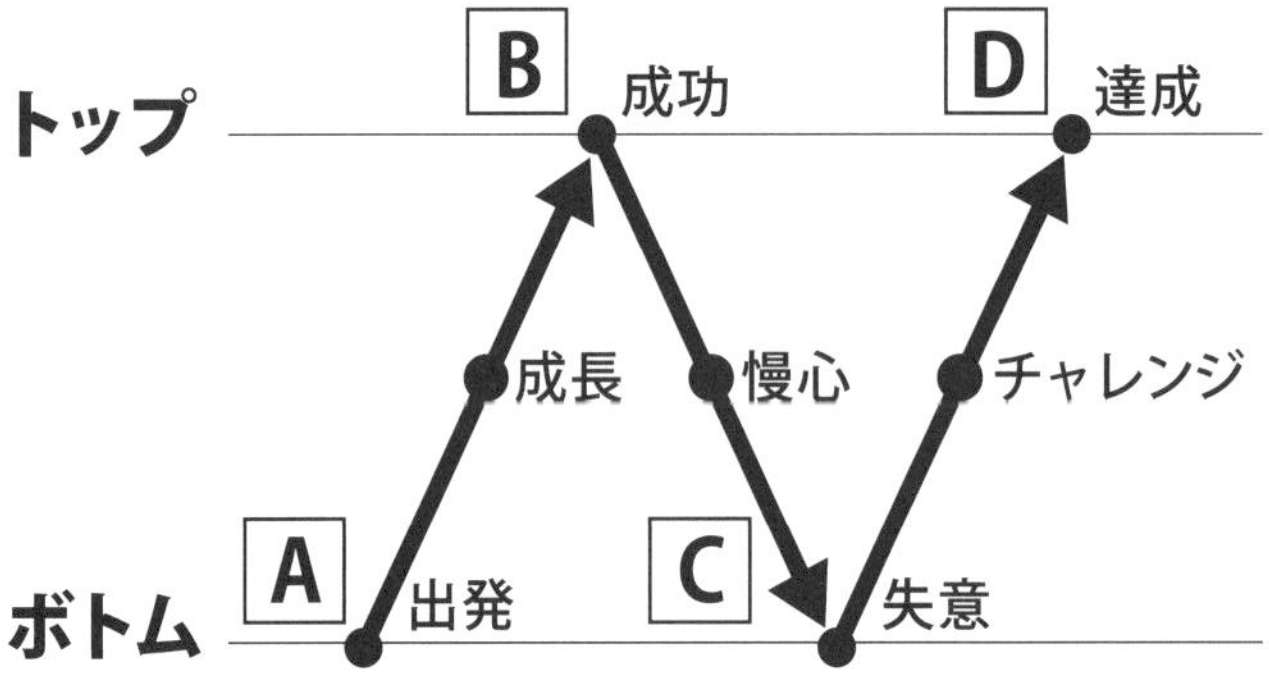

ポイント A C の例

いじめ・貧困・コンプレックス・失敗・借金・破産・DV・倒産・離婚・土下座・病気・怪我・入院・暴力・別離・死・刀傷・災難・火事・裏切り・非行・売春など

© 2004 Tensaikojo Co., Ltd. All Rights Reserved.

あなたはカリスマ？　大家？　職人？

人生のポジショニング

今まで、本作りのシンプルルール、戦略的な出版のしかた、ＵＳＰの見つけ方、あなたの属性、愛されるプロフィールの作り方を説明してきました。

ここでもうひとつ押さえておきたいのが、あなたの「ポジショニング」です。

これは、あなたの「置き場所」であり、「位置」であり、「座標軸」です。

あなたが「他人からどう見られたいか」「自分でどういう人生を歩みたいか」ということです。人生のポジショニングは３つにわかれます。

【カリスマ】教祖。

【大家】専門家。

【職人】達人（アーティスト、クリエイター）。

人生のポジショニング

	現在	未来（2年後）
カリスマ **（教祖）** いるだけでみんながやってくれる。 崇められる。	%	%
大家 **（専門家）** ノウハウを毎日仕入れて勉強している。 尊敬される。	%	%
職人 **（達人）** ひとつのことを極めたい。 評価される。	%	%
合計	**100%**	**100%**

- ほとんどの人が自分の「置き場所」を知らない。
- 「置き場所」が合っていないと才能が発揮されない。
- 「置き場所」が合っている人は毎日が輝いている。

© 2004 Tensaikojo Co., Ltd. All Rights Reserved.

「ポジショニング」は、ビジネス（B）、プライベート（P）、ソーシャル（S）の3つの「属性」のように大幅に偏るのではなく、だれもが少しずつ3つの要素を持っています。それぞれの割合をパーセンテージで表してください。

たとえば、「今の私は、カリスマ度10％、大家度30％、職人度60％くらいかな？」と全部で100％になるように記入してください。自分の主観でかまいません。

これが、現在のあなたのポジショニングです。

次に記入するのは、2年後のポジショニングです。

なぜ、2年後かというと、本を書いて出版するまで1年くらいかかること。本を書いたあとに効果測定する期間が1年くらい必要だからです。

2年後、あなたはカリスマ度、大家度、職人度、どれをアップさせたいですか？

一番、比率がアップしたものに、赤いマジックペンで二重丸を描いてください。

なぜ、自分のポジショニングを探す必要があるかというと、それによってあなたが書く本のタイトルが決まるからです。

タイトルと作家のポジショニング

カリスマ **ブランディングのタイトル** 	『千円札は拾うな。』 『さおだけ屋はなぜ潰れないのか？』 『エスキモーに氷を売る』 『100円のコーラを1000円で売る方法』 『かばんはハンカチの上に置きなさい』 『やる気のスイッチ！』 『営業マンは「お願い」するな！』 『「心のブレーキ」の外し方』 『引き寄せの法則』 『始めるのに遅すぎることなんかない！』
大 家 **ブランディングのタイトル** 	『あなたの会社が90日で儲かる！』 『本当に頭がよくなる１分間勉強法』 『バンド１本でやせる！　巻くだけダイエット』 『40歳からのモテる技術』 『誰とでも15分以上会話がとぎれない！ 話し方66のルール』 『新・片づけ術　断捨離』 『スローセックス』 『30分で英語が話せる』 『脳が冴える15の習慣』 『節約生活のススメ』
職 人 **ブランディングのタイトル** 	『ねこ背は治る！』 『歯を削るな・神経を取るな・歯と歯をつなぐな！』 『マンキュー経済学』 『スポーツマッサージ＆テーピング』 『はじめから1人で学べる 大人のためのピアノレッスン』 『はじめての陶芸入門』 『野球の教科書』 『サウスポー論』

© 2004 Tensaikojo Co., Ltd. All Rights Reserved.

カリスマ本は、別名、「自己啓発書」と呼ばれます。

「自己啓発書」で書くべき内容は、思想です。

「人生」「哲学」「価値観」「教育」「ものの見方、考え方」を伝える本です。

大家本とは、「ビジネス書」のことです。

「ビジネス書」で書くべき内容は、ノウハウです。

「手段」「手法」「やり方」「実務」「学問」「情報」を教える本です。

職人本は、「専門書」と呼ばれます。

「専門書」で書くべき内容は、たったひとつのスキルです。

たったひとつの「技術」や「経験」や「解説」を深く追求していきます。

「カリスマ」を目指している人が「大家」の本を書いてはいけません。

「大家」を目指している人が「職人」の本を書いてはいけません。

本を出しても成功しない人は、ポジショニングが間違っていることがあります。

第5章

企画書作りのルール

知っているようで意外と知らない企画書の書き方

初めておつかいにいく子どもは不安になる

黄金の企画書の書き方

日本テレビ系列で放送されている『はじめてのおつかい』という番組があります。

これは、初めてひとりで買い物に出かける子どもたちの奮闘ぶりをドキュメンタリータッチで追いかける番組です。

初めておつかいを頼まれた子どもたちは不安でいっぱいになり、泣いたりわめいたり、道の途中で座り込んだり、近所のおばちゃんに助けてもらったりしますが、最後は目的を果たします。

この子どもたちの心理や行動が、初めて本を書く人のそれとよく似ているのです。

あなたが本を書くときに乗り越えなくてはならないハードルが3つあります。

第1の難関が、「出版企画書の作成」です。
第2の関門が、「企画書の売り込み」です。
そして、第3の壁が、「原稿執筆」です。

じつは、３つのハードルのうち、一番の難関が「企画書の作成」です。どこの出版社にも企画会議があります。「企画書」がないと、あなたは出版の土俵にも上がれないのです。

ふだん、私が出版社に提出している企画書を特別にここで公開します。

あなたに記入してもらう企画書の必要箇所は、17項目あります。この17項目は、私が長い時間をかけて、つけ加えたり、削ったりを何度も繰り返してきたものです。日本一すばらしいと誇れる「黄金の企画書」です。

「これ以上の企画書があるのでしたら見せてください！」と言えるくらい自信を持ってお薦めしています。その理由は、**どんな素人でも、この17項目に沿って中身を埋めていけば、プロ顔負けの企画書ができあがるからです。**

黄金の企画書

1）【タイトル】 タイトルには「グランドルール」が必要。（新奇性、共感性）
「現世ご利益」はあるか。0.3秒でわかること。視覚効果。

2）【サブタイトル】 タイトルを補足説明する。本を読むメリットを伝える。
読者の悩みを解決しているか。3秒でわかること。心理効果。

3）【キャッチコピー】 帯。本を目立たせる。いかにおもしろいか、いかにすごいかを強調。
30秒でわかること。イメージ効果。

4）【本書の内容】 作者の体験から書かれているか。最後まで書けるか。
内容はおもしろいか。テーマはひとつか。

5）【作家名】 本名かペンネームか。ペンネームの場合は必然性があるか。

6）【作家プロフィール】 「ヒーローズマーケティング」に沿っているか。
著者の人生は読者に愛される「Ｎ字グラフ」になっているか？

7）【監修者】 ほとんどの本は監修者はつかない。
健康書、ダイエット書、医学書などは監修者が必要なケースもあり。

8）【監修者プロフィール】 作者プロフィールと同じ。

9）【企画意図】 作者が本を書きたい理由。読者にどうなってほしいのか。
なぜこの本は売れるのか。

10）【企画の背景】 時代性の説明。
なぜこの本を去年でもなく、来年でもなく、今年出さなくてはならないのか。

11）【読者ターゲット】 だれに読んでほしいのか。メインターゲットとサブターゲットがある。
浅掘り（広くたくさんの読者）か深掘り（狭く限られた読者）か。

12）【類書】 同じタイトルの本が出ている可能性がある。
一番売れている類書を3冊くらい列挙する。

13）【類書との差別化】 他の本と何が違うか。例としては、テーマの違い、読者対象の違い。
作者の実績・経験・専門性・ネットワークの優位性など。

14）【体裁など】 本のサイズやページ数、定価のこと。
一般的な単行本は、四六判。約200ページ。
ソフトカバー。一色。右開き。縦書き。定価1300円前後。

15）【原稿完成の予定】 企画採用後3ヵ月が目安。1年以上かかると出版が不利になることも。

16）【企画者の要望】 イラストやマンガ、図表の指定、監修者が必要な場合は明記する。

17）【有利な条件】 この本を売るために作者はどんな努力をするかを列記する。
有名人から推薦文をもらう。セミナー、出版パーティーを開くなど。

© 2004 Tensaikojo Co., Ltd. All Rights Reserved.

1．まず、この17項目の「黄金の企画書」が必要です。

2．次に必要なのが、「章構成」と「見出し」（項目）です。

たとえば、あなたが書く本が10章構成なら、項目は1章あたり10本。

1項目を2ページで書いていけば、ちょうど、本文200ページの本になります。

3．さらに、「見本原稿」が必要です。

1000字を目安に3つの項目で原稿を書いてください。

「見本原稿」は最もおもしろい内容を選びましょう。

これがつまらないとすべてが水の泡です。ちなみに、1冊の本の文字数は10万字が目安です。

ある出版セミナーにゲストで呼ばれたときに、大手出版者の編集長が受講生たちの持ってきた企画書を見ていて、突然、叫びました。

「なんてこった。最近は、みんな同じ企画書ばっかりだ！」

その企画書を見せてもらったら、なんと私の考案した「黄金の企画書」でした。

少しずつですが、全国でスタンダードになってきたのかもしれません。

タイトルは視覚効果、0・3秒でわかること

タイトル、サブタイトル、キャッチコピーのルール

私は昔、ダイヤモンド・ビッグ社の社長、藤岡比左志《ふじおかひさし》さんに、**「本の売れ行きは、タイトル8割、装丁2割で決まる」**と教えてもらいました。

もちろん、内容がすばらしいことが大前提なのですが。

タイトルをつけるときにはルールがあります。

タイトルは0・3秒、
サブタイトルは3秒、
キャッチコピーは30秒でわかるように書いてください。

本屋さんで、読者が1冊の本を認識する時間は何秒でしょうか？

答えは、たった0・3秒です。

私たちは、書店で本の背表紙を眺めるとき、3秒で約10冊のタイトルを確認しています。そう考えれば、本1冊のタイトルが頭の中に入ってくる時間は、たったの0・3秒ということになります。

0・3秒とは、1回、まばたきするくらいです。その時間でキーワードが目に焼きつかないと、その本はこの世に存在しないのと同じなのです。

過去にベストセラーになった本で、私が「すごい」と感心しているタイトルを挙げてみます。

『負け犬の遠吠え』（酒井順子著　講談社）

『老人力』（赤瀬川原平著　筑摩書房）

『五体不満足』（乙武洋匡著　講談社）

一瞬で、タイトルが目に飛び込んできませんか？

本のタイトルには「視覚効果」が必要です。

本には、タイトルを補うためのサブタイトルがつきます。

たとえば、『さおだけ屋はなぜ潰れないのか?』（山田真哉著　光文社）には、〈身近な疑問からはじめる会計学〉というサブタイトルがついています。

サブタイトルは、タイトルを説明するだけではなく、本の中にどんな内容が書いてあるかを伝えてくれます。しかし、それよりも大事な要素は、読者に「この本は私のために書かれた本だ」と思わせることです。

本のサブタイトルには「心理効果」が必要です。

キャッチコピーは、通常、本の帯に書いてある文章のことです。

タイトルやサブタイトルより文字量が多いので、30秒で読める工夫をしてください。帯文で本の中身を目立つように解説したり、この本がいかにおもしろいか、いかにすごいかを表します。

『バカの壁』（養老孟司著　新潮社）には、〈「話せばわかる」なんて大うそ!〉というキャッチコピーが帯についています。

私は本の内容と帯の説明文は多少違ってもよいと思います。キャッチコピーの役割は内容を伝えるのではなく、イメージを伝えることだと考えているからです。帯には、よく推薦者の写真が使われるのはこのためです。

タバコをやめたくてもなかなかやめられなかった多くの人を引きつけてベストセラーになった『禁煙セラピー』（アレン・カー著　KKロングセラーズ）では、禁煙とはまったく関係のない格闘家、ボブ・サップの写真が使われていました。

この本は、毎年、帯を替えることで累計300万部売れています。

ちなみに、本に帯がついているのは世界の中で日本だけです。包む文化の影響です。

本のキャッチコピーには「イメージ効果」が必要です。

タイトルを、最初に考える人と、最後に考える人がいますが、私は、最初に考えたほうがいいと思います。あとから考えると中身との間に矛盾が生じるからです。

本のタイトルには「新奇性」と「共感性」が必要

「グランドルール」について

本屋さんで本のタイトルを見ていて、「なるほど」とか、「へーっ」とか、「そうそう」とか、「うんうん」と頷いたことはありませんか？

じつは、この「なるほど」と「そうそう」が本のタイトルづけでとても重要なのです。

私は本のタイトルを考えるときに、必ず、「グランドルール」という大きな視点を取り入れています。極端な話、それがないかぎり、本を世の中に出しません。

グランドルールとは、「新奇性」と「共感性」のことです。

ベストセラーになる本の多くは、タイトルに「新奇性」と「共感性」があると言っても過言ではないでしょう。

「新奇性」とは、「なるほど、そうだったのか！」という新たな気づきのことです。

これは一般的に新しいことを意味する「新規性」という漢字ではなく、奇抜の「奇」を使って「新奇性」と表現します。

つまり、「この本は今までにないまったく新しい本ですよ」という意味です。すでに出版されている本と同じ内容の本を書くのでは意味がありません。たったひとつの視点でもいいので、過去にない本を作ってください。

「共感性」とは、「そうそう、その気持ち、よくわかるよ」という一体感です。

読者が潜在的に持っている悩みや心配事をうまく表現するタイトルをつけてください。それによって本も売れます。

『寝るだけ！　骨盤枕ダイエット』（福辻鋭記監修　学研パブリッシング）が165万部売れました。これはもともと、「骨盤」という単語に女性が無意識に共感していたために本が売れたのではないかと私は推測しています。

このように未開拓の「愛される単語」はまだまだ、たくさん埋もれているのです。

「企画意図」に「作家の意図」を書いてはならない

企画意図には金・銀・銅メダルがある

ほとんどの方が、「企画意図」を勘違いしています。

「企画意図」に、「作家の意図」を書いてはいけません。

「企画意図」には、金メダルと銀メダルと銅メダルがあります。

① 銅メダルの企画書……**「なぜあなたはこの本を出そうと思ったか？」を書く。**

作家のバックボーンは本を書き上げるのに必要な要素です。

しかし、作家の気持ちを綿々と綴《つづ》っても編集者は退屈します。なぜなら、その本は作家が書きたいだけで、読者は求めていないことが多いからです。

②　銀メダルの企画書……**「何が解決できるのか?」を書く。**

本は読者が抱えている悩みを解決したり、欲求を満たしたりするものです。「読者にどうなってほしいのか」を詳しく書いてください。

③　金メダルの企画書……**「なぜ、この本が売れるのか?」を書く。**

編集者は、常に売れる企画を求めています。「大丈夫です。この本は売れますよ」と論理的に列挙してあると安心します。

「企画意図」と双璧《そうへき》を成す大事な要素が「企画の背景」です。

「企画の背景」とは、「時代性」のことです。

「なぜ、この本は『昨年』でもなく、『来年』でもなく、『今年』、出版されなくてはならないのか?」という理由を箇条書きで説明してください。

時代が求めているデータを証拠としてそろえ、「この本は多くの人が読みたいと思っています」ときちんと説明できている企画書は滅多にありません。

企画意図と企画の背景を押さえるだけでも、出版は格段に有利になります。

読者ターゲットは「浅掘り」か「深掘り」か？

「潜在読者」という第3の読者

本の読者ターゲットは、市場規模から分類すると2種類あります。

すなわち、「浅掘り」か「深掘り」です。

1. 「浅掘り」とは、たくさんの読者に向けて書かれた本のことです。
2. 「深掘り」とは、特定の読者に向けて書かれた本のことです。

前者は「マスマーケティング」と呼ばれ、後者は「ダイレクトマーケティング」とか「One to One マーケティング」と呼ばれています。

さらに、読者ターゲットは次のように分類されます。

1. 性別は？（男性か、女性か）
2. 年代は？（10代、20代、30代……60代以上）
3. 職業は？（ビジネスマン、ＯＬ、主婦、学生など）
4. 年収は？（生活レベルは）
5. 書店でどの棚に置かれるか？（ビジネス書か、趣味のコーナーか）

また、企画書に読者ターゲットを記入するときには、２つに分類してください。

1. メインターゲット
2. サブターゲット

メインターゲットとは、「コアターゲット」とも言って、あなたの本を買ってくれる最も確実なファン層のことです。

サブターゲットとは、メインターゲットの周りに位置する人たちです。

たとえば、ＯＬ向けの恋愛論の本を企画したとき、メインターゲットは「30代の独身ＯＬ」とします。しかし、この本に興味を持った主婦や女子大生も購入してくれます。

ところが、これ以外にも第3の読者ターゲットがあります。

第3の読者とは、「潜在読者」です。

こちらも2つのパターンにわかれます。

1．行列族。

2．にわかマニア。

「行列族」とは、ベストセラーが出たときには、行列を作って本を購入する人たちのことです。「時代に踊らされる」人のことです。

「にわかマニア」とは、ふだん、本を読まないのですが、おもしろいことには興味を持つ人たちのことです。このファン層は行列には並びません。自分がおもしろいと思ったものにしか飛びつきません。

私は、東邦出版の社長、保川敏克《やすかわとしかつ》さんと一緒に「踏切の写真と解説集」を作ったことがあります。『日本の〝珍珍〟踏切』（フミキリスト11編　伊藤博康監修　東邦出版）。

「踏切の本なんて、だれが買うの？」と周りの人たちはすべて大反対しました。

「吉田さん、確かに日本中には３００万人の鉄道ファンはいるけど、踏切ファンなんてひとりもいないよ。ひとりも読者がいない本を作ってどうするの？」

でも、私はとてもわくわくする本なので絶対に作りたいと思いました。

カメラマンにはかなり安い費用で日本中撮影に行ってもらいました。

私自身も自腹で石垣島まで行き、石垣島の自動車教習所で、「日本最南端」の踏切の写真を撮りました。それは、練習コースのアスファルトにペンキで描かれた白い線でしたが。

さて、いざ本を発売したらどうなったでしょう？

なんと、いきなり3万部も売れてしまいました。変な踏切の写真集があったら買いたいという「にわか踏切マニア」が日本中に数万人いたのです。

この本は「坂道研究家」のタモリさんがテレビ朝日の『タモリ倶楽部』で取り上げてくれました。さらに、本は第2弾まで出て、深く狭く、しかし確実に売れています。

これは本を作った仕掛け人としては、最高にニヤリとする成功例です。

読者ターゲットは「探す」のではなく「作る」というウルトラCの技もあるのです。

売り込みができる人、できない人

企画書の売り込みは自分に合ったタイプを選ぶ

売り込みができる人は、売り込みの方法を知っています。
売り込みができない人は、その方法を知らないだけです。

あなたが出版デビューするためには、企画書を採用してもらわなくてはなりません。
では、どうやって企画書を売り込んだらよいでしょうか？
企画書の売り込みの方法はさまざまです。
ここでは売り込みの方法と、そのメリット・デメリットを説明していきましょう。

1．いきなり出版社に送る。

大手の出版社では、持ち込み企画を断っているところがほとんどです。そんなときには、関連する本や気になった本のあとがきや奥付《おくづけ》を見てみましょう。本を作った編集者の名前が載っていたらとてもラッキーです。その編集者宛に、丁寧な手紙とともに企画書を送りましょう。

メリットは、数多くの編集者に直接、企画書を送ることができます。

デメリットは、何のツテもない場合、「採用してもらうのは非常に難しい」ということです。よほど、企画書の内容が優れていないと採用には至りません。

2. 編集プロダクション（編プロ）を通して持ち込んでもらう。

編プロは複数の出版社と本作りをしているので、あなたの作品に合った出版社を紹介してもらえることがあります。

メリットは、何社かの出版社に持ち込んでもらえる可能性があること。

デメリットは、編プロに売り込む力がないと採用されないことです。もちろん、紹介料もかかります。

3．すでに出版している作家から紹介してもらう。

これは、とても有効な方法です。

私は昔、この方法でたくさんの出版社の編集長に会っています。

とくにその作家の本がベストセラーになっている場合、出版社の社長とか役員とか、採用決定権のある人に企画を見てもらえます。

メリットは、作家の知名度によって出版社の待遇が違うこと。

デメリットは、企画書のデキが悪いと紹介者の顔を潰してしまうことです。

4．賞に応募する。

ビジネス書、実用書の場合、なかなか賞はないのですが、出版社で社内募集している場合があります。私もときどき、出版社から「著者が企画のプレゼンをするので審査をしてほしい」という声がかかります。

小説やエッセイの場合は、数多くの賞があります。

メリットは、大賞作品は無条件で出版されること。

デメリットは、競争率が高いので、よほど実力がないと受賞は難しいことです。

5．ブログで人気ベスト10に入る。

ブログランキングでベスト10に入る内容ならば、多くの編集者も見ています。ブロガーの中には、「パワーブロガー」と呼ばれ、月間のページビューが数十万件、数百万件ある方もいます。それだけの発信力があれば、出版への道筋はついているも同然です。

メリットは、編集者が注目し、出版依頼が来ること。

さらに、出版後はブログで本を宣伝できることです。

デメリットは、ブログは毎日書き続け、更新しなければならないので、かなりの手間とメンテナンスが必要です。

6．『まぐまぐ』のメルマガランキングで上位に入る。

私は精神科医のゆうきゆうさん、恋愛相談師マーチン先生の本を出版プロデュースさせていただきました。

2人とも『まぐまぐ』では1位を取ったことがあります。

まぐまぐ1位のメルマガは本にした場合、数万部売れることがあります。

メリットは、そもそもメルマガ読者が数万人いるので、編集者にとっては企画を採用しやすいこと。出版した後、メルマガ自体が広告媒体となるので本が売れること。

デメリットは、メルマガはライバルが多いので上位に食い込むのが至難の業です。

7．出版記念パーティーで知り合った編集者に企画書を送る。

多くの作家がこの方法で本を出しています。

友人や知人が本を出したら積極的にパーティーに参加しましょう。

メリットは、出版社とのコネクションができること。

デメリットは、その場でいきなり企画書を渡しても編集者は読んでくれないことです。まずは、良好な人間関係作りからスタートしましょう。

8．出版プロデューサーや出版エージェントに売り込んでもらう。

私が最初に「出版プロデューサー」と名乗ったとき、同じような肩書で仕事をしている方は皆無でした。

今では、数十人、数百人の方が「出版支援産業」を後押ししてくれています。プロデューサーの出現は、出版の灯を消さないためにも、とてもすばらしいことだと思います。

メリットは、実力と実績のある出版プロデューサーに頼むと、「本屋さんで売れる本、残る本」ができます。デメリットは、プロデュース料を支払ったのに本が出ないというトラブルも多くなってきていることです。

私が会長を務めるNPO『企画のたまご屋さん』は、出版コーディネートをやっています。

毎年1000本近い企画書が送られてくるのですが、20人以上の出版プロデューサーが、自分の気に入った企画の売り込みを担当します。

『企画のたまご屋さん』は日本で一番出版社とのネットワークを持っています。

あなたの企画書を約300社、1000人の編集者に売り込みます。

しかも、平日は毎日、メールで編集者の個人アドレスに企画書を送っています。

メールの精読率は約20％なので、200人の編集者があなたの企画を検討してくれていることになります。

3年間売り込みしても決まらなかった企画が『企画のたまご屋さん』で売りこんだら、一瞬で採用になったこともあります。

すぐれた企画には10社以上から「作家と会いたい」と連絡が来ることもあります。

『企画のたまご屋さん』のメリットは、数百社ある出版社の中から適切な出版社が見つかることです。また、あなたの本を売り込む出版プロデューサーがマネージャー代わりにつきますので、編集者と打ち合わせをするときにアドバイスがもらえます。

出版に至るまでにはさまざまなトラブルにぶつかることがあるのですが、それらにも丁寧に対応してもらえます。

デメリットは、最近では送られてくる企画書の数が多くなり、出版プロデューサーが担当できず、売り込みすることができない企画書が多くなってきたことです。

このようにあなたの企画を売り込む方法はたくさんあります。

まずは、身近で本を出した経験のある人に相談しましょう。

もちろん、私に相談してもいいですよ。

第6章
文章テクニック

文章は「名文」ではなく「明文」で書く

マイブーム文章上達法

熱中していることならどんどん書ける

どんなに文章を書くことが苦手な人でも、「あなたのマイブームを書いてください」と言うと、どんどん書き進めるから不思議です。

マイブームとは、今、「自分がはまっていること」です。

① いつから、何に、はまっているのか？
② なぜ、それに、はまっているのか？
③ その魅力は何か？

これを出版セミナーでやると、10分くらいの執筆時間に、皆さん、書くこと書くこと……。1000字も2000字も書く人がいます。

東京湾での巨大アナゴ釣りにはまっている人もいれば、「ニコミスト」というグルメ団に入り、モツ煮込みの店探しにはまっている人もいました。「ガリガリ君」というアイスキャンデーの袋を集めている人にはたくさんの質問が集中しました。

そして、マイブームを3分間で発表するときには、だれもが顔を輝かせて熱弁をふるうのです。

その解説やウンチクには、「なるほど」と唸《うな》るくらい納得するものもあります。

ではなぜ、受講生は、ここまで熱心に執筆できたのでしょうか?

書くテーマが「自分の好きなこと」だったからです。

このように、私たちは自分が熱中していることなら、長い文章でもすらすらと、いとも簡単に書けてしまうのです。

他にも、私が開催する「出版合宿」で受講生が目を輝かせてペンを走らせるテーマには、こんなものがあります。

・だれにも言えない私の秘密。
・過去、最高に恥ずかしかったこと。
・モテ期、一番モテた瞬間。
・スーパーヒーロー、一番輝いたとき。
・バカヤロー、怒りを感じたとき。
・ヤバイ、とんでもない失敗をしてしまった！

これは、「文章を書くための練習」としては最適です。

しかし、マイブームやお題に沿った本は、それぞれの人生の一部を切り取っただけなので、これで1冊の本を作るのには無理があります。

あなたが過去に使ったお金軸や、過去に費やしてきた時間軸が必要なのです。

過去、現在、未来と継続する「好きなこと」「やり続けること」、これらがあなたの本のテーマになります。

文章作法

「名文」ではなく「明文」で書く

わかりづらい文章の典型は政治家や官僚の使う言葉ではないでしょうか？

私の会社でインターン（就職する前に実際の会社で見習い社員として研修をする）をしていた学生たちが、『東大生が書いたお役人コトバの謎』（東大ベストセラー出版会ＰＩＣＡＳＯ編　三省堂）という本を出しました。

政治家や官僚などが使う言葉は表の意味と裏の意味があるという、とてもブラックな笑いの本です。

たとえば、政界で汚職があり市民たちが抗議のためにデモ行進したとします。

このとき政治家が「慚愧《ざんき》に堪えません」という言葉をよく使いますが、その意味は、「ちっとも反省なんかしてないよ」と捉えられます。

「遺憾《いかん》です」は、「あなたは残念でしたね」という意味です。

「私は痛くもかゆくもないよ」という意味が言外に含まれています。

このように、政治家や官僚だけではなく、私たちの使う日本語は、「建て前」の中に「本音」が隠されているのです。しかし、あなたが本を書くときには「建て前」で書いてはいけません。「本音」で書いてください。

日本語は表現が多種多様で、文章の書き方が世界一難しいと言ってもいいでしょう。

文章を書くコツは、「名文ではなく明文で書く」ということです。

「明文」とはどういうことかというと、

難しいことを易しく、
易しいことをおもしろく、
おもしろいことを深く書く。

これが、「明文の3条件」です。

これは劇作家の井上ひさしさんの文章作法を参考にして、私なりにアレンジを加えたものです。

たった3つの条件を守るだけでだれでも文章がうまくなります。

これが完璧にできれば、あなたは今日からプロの作家としてたくさんの本を書いていくことができるでしょう。

作家の中には、「明文」ではなく「迷文」になっている人がたくさんいます。

江戸時代の元禄期、人形浄瑠璃や歌舞伎の作者として一世を風靡《ふうび》した近松門左衛門《ちかまつもんざえもん》は、今から300年も前に「文章を飾るな」と言っています。

近松門左衛門の芸術論「虚実皮膜《きょじつひにく》」では、「年端《としは》もゆかぬ娘をば」なんて表現するな、もっとわかりやすく「年もゆかぬ娘を」と書けと言っているのです。

そして、文章を和歌や俳諧の七五調にあわせようとした作者を「未熟者」と戒めています。昔から文章を飾る人とそれをたしなめる人がいたんですね。

小学校の「作文」と大人の「本」を比べてみたら

「形式段落」と「意味段落」の違い

「読みづらい本」と「読みやすい本」の違いを知っていますか？

「読みづらい本」は「形式段落」で書かれています。

「読みやすい本」は「意味段落」で書かれています。

まずは、「段落」についておさらいしましょう。

小学校の国語の授業のとき、作文を書きましたね。そのとき先生が、「読みやすい長さで文章を切りましょう」と教えてくれましたが、あれが段落です。

「段落」は長い文章を分けるための一区切りのことです。

表記上は1字下げて書き始めるため、「段が落ちる＝段落」と名づけられました。


私たちがふだん「段落」と呼んでいるのは、この「形式段落」のことです。

「形式段落」は単に「読みやすい」という書式の問題で、文章が長くなってきたら途中で改行し、次の段落をスタートする前に1マス空けます。

ですから、「段落」の中にはバラバラな情報がたくさん詰まっています。


これに対して、文章を形式的に1ブロックで区切るのではなく、書いてある意味によって一区切りにする「意味段落」があります。

「意味で括《くく》ったブロック」と言ってもいいでしょう。「形式段落」はバラバラな情報を含んでいるのに対し、「意味段落」はひとつの情報だけを論理的に説明していきます。

どちらの本が読みやすいか、もうおわかりですね？


段落は、英語で「パラグラフ」と呼ばれていて、しっかりとパラグラフが構成されている文章と、されていない文章とでは、作品のクオリティがまるで違うのです。

「意味段落で本を書く」という文章理論は、作家としては不可欠な要素です。

しかし、多くの作家たちは、意味段落を意識して文章を書いていません。

この原因は、もともと日本には「段落」というものが存在しなかったためです。日本は四季折々の風情を、俳句、和歌（短歌）、連歌として詠《よ》みました。俳句や和歌に段落はありません。日本語は短い文章に適しているのです。

「段落」はおもに明治になって海外から入ってきた文章作法です。外国から輸入されてきた書き方なので、今でもなかなか馴染《なじ》めないのかもしれませんね。

「だ・である調」と「です・ます調」あなたはどっち？

文章には、常体と敬体の2種類しかない

文章には大きくわけて「だ・である調」と、「です・ます調」の2つの表現があります。小学校では、これを「ふつうの言い方」「ていねいな言い方」と教えています。

正式には、「常体」「敬体」と言います。


それぞれの文体には特徴があります。

「だ・である調」は筆者の権威を感じさせる文体です。ものごとを言い切っているので自信に満ちている反面、押しつけがましい調子になります。

文章に客観性を持たせやすいので、スッキリとまとまっている印象も受けます。

また、場面の展開が速く、緊張感が読者に伝わるので、ミステリーやサスペンスに向いています。

「です・ます調」は丁寧語なので、包み込むような感じになります。

もともと話し言葉から発達してきたので、相手にわかりやすく伝わります。

ただし、感情が高ぶったときなどに「私は感動しました」と書いても、何だか醒《さ》めた感じになり興奮が伝わりません。

2001年、貴乃花がケガをおして優勝したときに、小泉純一郎首相が言った「感動した！」は流行語にもなりました。

「だ・である調」は感情がストレートに伝わります。

ちなみに、私は「出版業界のジャイアン」という愛称を本田健さんにつけてもらいました。

その名のとおり私は目方が0・1トン以上あり、第一印象は「怖い」「近寄りがたい」と思われるので、この本のようなビジネス書では「です・ます調」を使い、できるだけ威圧感を与えないよう気をつけています。

私は、「です・ます調」には「のりしろ」があると思っています。ものごとを強く言い切っていないので「余裕」があるのです。

「～だ」は、断定の助動詞で強く言い切っています。言い切ると、読者は反論しにくいのです。

「～です」も、断定の助動詞ですが、言い切る力が弱いのです。優しい表現なので、読者は内容を咀嚼《そしゃく》して容認できるのです。

「だ・である調」は言い切る力があるため、小説や解説書、医学書、法律に関わる文章などに多く使われます。

「です・ます調」は丁寧な感じで読者に響くため、ビジネス書、自己啓発書、健康書などに使われます。

あなたの見た目や印象、本の内容に合わせて文章を使い分けてください。

ただし、ひとつの文章に2つの文体がたくさん混在するのは厳禁です。

本は「わかりやすくの法則」で書く

ヘタをうまいに変える3つの心がけ

文章を書くときには「わかりやすくの法則」で書いてください。

【わ】……私の体験したことを書く。
【か】……感情に訴える。
【り】……リアリティを出す。
【や】……山場を作る。
【す】……好きな人をイメージする。
【く】……具体的に書く。

【わ】私たちは自分の体験したことを書くとき、もっとも説得力のある文章を書けます。

体験したことだから相手に伝わるし、読者が共鳴してくれるのです。マンガ家の手塚治虫さんでさえ、一番売れたマンガは『鉄腕アトム』ではなく『ブラック・ジャック』でした（手塚さんは医師免許を持っていました）。

【か】感情に訴えるとは、理屈を並べるのではなく、ハートを揺さぶることです。多くの人は理性ではなく感情で行動します。たとえば、恋愛がそうです。相手の笑顔、優しさ、魅力に心を奪われてしまうのです。

【り】リアリティとは、存在しないものをそこに「ある！」と思わせることです。夢のテーマパーク『ディズニーランド』を作るとき、史上初めての試みに多くの投資家が尻込みをしました。しかし、ウォルト・ディズニーは、それが完成したときの姿を目に見えるようなイメージで伝えました。リアリティとは「伝える力」であり、「虚構から現実を生み出す力」です。

【や】山場はどんな本でも必要です。メリハリがないと読者は飽きてしまいます。

テレビドラマや映画を観察するとよくわかりますが、終盤はハラハラドキドキしながら一瞬も目が離せません。起伏に富んだストーリー展開が続きます。山場を作るには事前に付箋《ふせん》や絵コンテなどで「ストーリーボード」を作り、章ごとに起承転結をボードに書き出し、あとで並べ替える作業が必要です。

【す】好きな人をイメージすると書く作業が楽しくなります。

ふだん、私たちが書く文章は説明文が多く、どうしても上から目線になってしまいます。ところが、目の前にひとりの人をイメージし、その人に語りかけるように書くと文章も柔らかくなり、読者に伝わる文章が書けます。

作家の中谷彰宏さんは自分のお母さんに語りかけるように書いているそうです。

【く】具体例を挙げるととてもわかりやすくなります。

「こういう成功事例があります」と説明されると、イメージが湧きます。

また、「正直村とウソつき村」のように、異なった2つの類例を挙げると、比較することによって、より理解しやすくなります。

文章がうまくなるには、ふだんからの心がけが必要です。

「ヘタをうまいに変える3つの心がけ」も紹介しましょう。

【心がけ①】……人に見せて感想を聞く。

文章はひとりよがりになってはいけません。

他人に見せることによって、意外な意見をもらえることがあります。

【心がけ②】……サービス精神旺盛になる。

常に、文章は読み手がいることを意識してください。

常に、読者をおもしろがらせる工夫を凝らしてください。

【心がけ③】……1冊全部書いたら、もう一度最初から書き直す。

まずは、1冊、一生懸命に書いてください。

1冊書き終えたら、もう一度見直して、どんどん修正していってください。

一山乗り越えた時点であなたの文章力は格段に進歩しているはずです。

最初の3行、最後の3行をうまく書け

ヘタをうまいに変える5つの文章術

よく、「文章がうまくなるコツを教えてください」という質問を受けます。

「文書がうまくなるコツはひとつしかありません。書いて、書いて、書きまくることです」

私は、過去にたくさんの出版セミナーをやってきました。

『早稲田大学オープンカレッジ』の講師や『編集の学校／文章の学校』の講師をやっていたときは、年間50回くらい講義をしていました。

どのセミナーでも必ず、文章の上達法についてお話ししています。

文章がうまくなる方法は、書いて、書いて、書きまくること以外にありません。どんな大作家に聞いてもそう答えるでしょう。

何も努力しないで文章が上達する近道は存在しないのですが、それでも悩んでいる多くの方に対して、「ヘタをうまいに変える5つの文章術」を公開します。

①毎日書く、とにかくたくさん書く。

日記でも、メルマガでも、ブログでも、何でもかまいません。

ひとつのテーマで読者を意識して半年書いたら、それは本になるかもしれません。

②短い文章で書く。

だらだらした文章は「ヘタ」の典型です。

文章は「短く、歯切れよく、テンポよく」書くことが基本です。

③オリジナルな体験を書く。

小説を書くとき、あなたの職場を舞台にすると不思議なほどリアリティが出ます。

ビジネス書を書くとき、あなたの専門分野を語ると説得力のある文章になります。

④ 体系化する。

たとえば、伝えたいことを箇条書きにするのも有効な手段です。

この「ヘタをうまいに変える5つの文章術」自体が体系化の見本です。

⑤ 最初と最後の3行をうまく書く。

これは、魔法のように文章がうまくなる画期的な裏技です。

「書きだし」がいいと引き込まれ、「結び」がいいと余韻が残ります。

もちろん、全体のつながりの中で書きだしと結びを考えてください。


本には章構成があり、章の中に項目があります。

たとえば、見開き2ページで1項目の文字数はだいたい800字前後です。

まずは1項目原稿を書いて、「ヘタをうまいに変える5つの文章術」に沿っているかどうかをチェックしてください。この方法でやると一気に書く力がアップします。

第7章
ベストセラーの分析

ベストセラーは狙って作れるのか?

なぜ、日本人は行列が大好きなのか？

日本人の民族性がベストセラーを作る

タイタニック号が沈没するとき、「世界各国の人々をどうやって海に飛び込ませるか？」という有名なジョークがあります。

イタリア人に対しては、「向こうで裸の美女が手を振っていますよ」。

こう言うと、イタリア人は、みんな海に飛び込むそうです。

ドイツ人に対しては、「早く飛び込んでください。これはルールです」。

アメリカ人に対しては、「今、飛び込むと、あなたが最初ですよ」。

では、日本人に対しては、何と言ったらよいのでしょう？

答えは、「みなさん、もう飛び込んでいますよ」です。

アメリカ人の個性を重んじる民族性と、日本人の集団性を重んじる民族性の対比が際立っているジョークですね。

さて、ここで私が伝えたいことは、

「日本人の民族性がベストセラーを作る」ということです。

日本ではベストセラーが出るとそれがいきなり100万部も、200万部も売れてしまうことがたびたびあります。なぜ、そんな現象が起こるのでしょうか?

日本人は「行列」が大好きだからです。

ラーメン屋さんに並んでいる、あの「行列」をイメージしてください。

テレビや雑誌に取材されただけで、その店は、次の日から押すな押すなの満席状態になります。これは海外ではあまり見受けられない現象です。

なぜ日本人が列に並ぶかというと、「確固たる価値基準を持っていない」からです。

「あの店がうまい」という情報がマスコミに露出すると、自分の味覚や嗜好《しこう》に自信がないため、他人の意見や評判によって、事実かどうかを疑うことなく、全員「右へならえ」の精神で行列に加わってしまうのです。

たとえまずいラーメンを食べたとしても、今、話題の店で食べたこと自体に価値を見出して満足してしまうのです。


これとまったく同じことが、出版の世界でも起こっています。

たとえば、『本屋大賞』という書店員さんが推薦する「いい本」選びの賞があります。『本屋大賞』を受賞した本は、毎年、１００万部以上売れます。

もし『本屋大賞』を受賞しなければ、その1割も売れなかったかもしれません。


ところが、たくさんの書店員が「この本はおもしろい！」と薦めるので、そこに絶対的な権威づけがおこなわれ、「プロが薦めてくれるならば間違いないだろう」と思い込んでしまう人が、イメージ先行でどんどん購入したのです。

書籍がフィクションやノンフィクション、あるいは文学作品の場合、テレビ化、映画化、コミック化され、売れ行きはさらに加速度がついていきます。

『本屋大賞』は、慎重な選考過程を経て大賞が決められているので、確かに失敗しない本選びなのですが、話題性だけで100万部に達してしまう書籍もあります。

なぜ、日本人は行列をしたがるのでしょうか？

私は、農耕民族特有の仲間意識が根底にあると考えています。紀元前4世紀ごろ稲作が伝わり、日本人は2000年以上、農耕社会を維持してきました。

農耕社会は集団生活が基本です。

集団生活で最も大切なルールは、「他人に迷惑をかけない」ということです。

農耕社会は、突出した「個」の成長を妨げ、周りの意見を聞いてから行動するような民族性を育ててきました。

私は、それは悪いことではなく、むしろ、日本人は他者に対して思いやりがあり、世界一優しい民族だと思っています。

日本人の「思いやり気質」を分析すれば、ベストセラーも夢ではありません。

昔のベストセラーは「富士山」、今は「スカイツリー」

なぜ、話題の本が100万部売れるのか?

日本では、「話題の本」が爆発的に売れる傾向にあります。

昔のベストセラーの売れ方は、「富士山型」でした。

山の裾野《すその》から、登山口まで足を運び、6合目、7合目、8合目と、一歩一歩、登山をするように、じわじわとベストセラーが生まれました。

ところが、現代のベストセラーの売れ方は、「スカイツリー型」です。

いきなり1階からエレベーターに乗って、展望台まで昇ってしまうような売れ方をします。タワーの先端部分が発行部数100万部、200万部という数字なのです。

これから本を書いてベストセラーを狙いたい方は、読者が行列を作るような仕掛けを作ってください。仕掛けの方法は、主に5つあります。

【① 突飛なタイトル】

ベストセラーになる本は、タイトルに「新奇性」と「共感性」があります。奇をてらう必要はありませんが、読者に「おやっ」と思わせてください。

【② 半歩先の時代性】

「時代がベストセラーを生み出す」と言っても過言ではありません。「時代が求めている本」とは、そのとき読者が「ちょっと読みたいな」と渇望《かつぼう》している本のことです。革新的な未来予測ではありません。半歩先の本でいいのです。

【③ 口コミしたい話題性】

「あの本、読んだ?」と巷《ちまた》で囁《ささや》かれる本はベストセラーになります。口コミによって「書籍」が「商品」に変わるのです。

『世界の中心で、愛をさけぶ』(片山恭一著　小学館)は、「セカチュー」の愛称で3

２１万部売れました。短く略しやすいタイトルと、若い世代の「泣けた」という口コミが普通の恋愛小説を一気にベストセラーに押し上げたと言っていいでしょう。

【④ テレビでおもしろおかしく】

本が売れるとマスコミが注目し、雑誌や新聞などに取材されます。

さらに、テレビで取り上げられると本は爆発的に売れます。

テレビは視聴率の取れる話題を常に探しています。

おもしろおかしく紹介されることによって火が点《つ》き、30万部売れた本は50万部売れ、50万部売れた本は80万部売れ、80万部売れた本は１００万部売れます。

【⑤ 作家は広告塔】

作家自らが広告塔になっている本は売れます。

作家がテレビ向きの特異なキャラクターだった場合、さらに本の売れ行きは加速します。

5つの仕掛けのうち3つ以上クリアすれば、ベストセラーも夢ではありません。

「いい本」に欠かせない「5つの調味料」

ベストセラーは「タ行5段活用」から生まれる

Q．おいしい料理に欠かせない5つの調味料を知っていますか？

A．サ　シ　ス　セ　ソ

砂糖、塩、酢、醤油（せうゆ《しょうゆ》）、味噌《みそ》のことです。

ソを、「ソース」と答える人がかなりいますが、違います。「味噌」です。

また、今どき、醤油のことを「せうゆ」なんて言いませんよね。

これを見ても、「サシスセソ」がずっと昔から伝えられてきた日本料理の大切な要素だということがわかります。

この5つの調味料がないと、どんなに新鮮な食材でもおいしい調理ができません。

Q. それでは、ベストセラーを作る5つの要素は何でしょう?

A. 売れる本の要素は、「タ　チ　ツ　テ　ト」と覚えてください。

ベストセラーの「タ行5段活用」は文法としての動詞の変化ではなく、5つのキーワードを活用して売れる本を作ろうということです。

【タ】……タイトル

書籍の売り上げは、タイトルで勝負が決まってしまいます。

「タイトル8割、装丁2割」と覚えてください。

【チ】……著者

著者が有名人なら本は売れます。

また、著者に人的なネットワークがあれば本は売れます。

【ツ】……ツキ

どんなにいい本でも、バカ売れするかどうかはツキ＝運に左右されます。

ときの運を味方につけた本がベストセラーになるのです。

【テ】……テーマ

本はテーマ＝著者の訴えたいことが命です。

同じテーマでも、どんな切り口にするのか、どんな見せ方にするのかによって、本の売れ行きは天と地ほども変わります。

【ト】……トレンド

トレンドとは流行のことです。

本には必ず、その時代ごとに大きな流行があります。

その本が売れたことによって、新しいトレンドができることもあります。ミリオンセラーと呼ばれる100万部売れる本は間違いなくトレンドをつかまえています。

トレンドをつかまえる方法は、アンテナを立てること、メモを取ること、人に会いに行くこと、古本屋に行くことなど、たくさんありますが、あなたがひとつのことをつきつめてやっていると、「時代が追いついてくる」ことがあります。

どうですか、おいしいベストセラーの味つけはできたでしょうか？

中学校の数学を応用してベストセラーを作ろう

「ベン図方式」なら狙ってベストセラーが出せる

ベストセラーを狙って出す方法があります。

「えっ、そんなことができるの？」と突っ込まれそうですが、私はできると思っています。その方法を一言で説明すると、「ベン図方式」です。

「ベン図」は中学校の数学の時間に習います。

2つの円を使って「集合」の関係を視覚的に示した図のことです。

出版業界におけるベン図とは、「すでにできあがっている読者層の上に、同じ読書層をつかまえるために、同じような円をかぶせる」ということです。

草思社の『声に出して読みたい日本語』（齋藤孝著）が170万部売れたとき、間髪を入れず幻冬舎が『常識として知っておきたい日本語』（柴田武著）を出版しました。幻冬舎の本は読者を唸《うな》らせるだけのクオリティとエンターテインメント性があり、密度の濃いものに仕上がっていたため、いきなり60万部のメガヒットにつながりました。

『つい誰かに話したくなる雑学の本』（日本社著）が講談社で161万部売れたとき、第2弾として同じ版元から『トイレで笑える雑学の本』（プランニングOM編）が出ました。こちらは50万部売れたそうです。

すでにできあがっている購買層をうまくつかまえると、ベストセラーは非常に高い確率で出せるのです。

この「ベン図方式」に対して「柳の下のドジョウ狙いだ」と批判する人がいますが、それはマーケティングを知らない人の意見です。

「二番煎《せん》じの本を出せ」と言っているのではありません。

すでに、時代の大きな波として「市場」ができあがっているのです。

その時代の波に乗り、大きな市場をもうひとつ作ろうということです。ベン図方式を最大限に利用して最も成功した例は『女性の品格』（坂東眞理子著　PHP研究所）でしょう。『国家の品格』（藤原正彦著　新潮社）が250万部売れているときに、『女性の品格』が出ました。これは、350万部売れました。

あとから出版して、最初の本を大幅に超えたという事例は、私が知っている限り初めてです。

この本を作ったPHP研究所の編集者、横田紀彦《よこたのりひこ》さんを出版合宿にお呼びして、制作秘話を聞きました。私の予想どおり、円の上に円を重ねるためにたくさんのマーケティング手法を駆使していました。

女性向きに文章表現を柔らかくしたり、文字を大きめにしたり、漢字にはふりがな（ルビ）をふったり、多くのノウハウが凝縮されていたのです。「ベン図」とは、じつはマーケティングのことだったのです。時代の波に、上手にベン図をかぶせて350万人の読者を得たわけです。

ベン図方式を「柳の下の2匹目のドジョウ」と安易に考えたら、失敗します。「市場調査」が必要なのです。読者という「ベン図」も日々変化していますし、かぶせるべき「ベン図」もうまく形を変えなければいけません。

いかに多くの読者層を取り入れるかは、投網《とあみ》に似ています。


どこにどう「網」を投げたらよいか、冷静に時代を見すえる感性が必要なのです。


もともと出版業界はこのベン図のおかげで業界全体が活性化してきました。ひとつの本がベストセラーになれば、また同じような本がベストセラーになります。

本は単独で売るより、何冊も類書を平積みにしたほうが相乗効果でより売れます。

読者は書店に足を運んだ際に、ベン図の中にある本をどんどん購入するわけです。

時代の波をうまく捉え、ベン図方式を活用するなら、新人作家でも小さな出版社でも場外ホームランをかっ飛ばせます。この高等戦術の「ベン図方式」をうまく使って、たくさんのベストセラーを生み出してください。

1×1×1はずっと1

ベストセラーは掛け算で生まれる

ふだん、私たちがものを売るときには商品を仕入れて、仕入れ値より何割か高くして売ります。差額が「儲け」というわけです。

そして、「この商品が一番売れたから、この商品をもっと仕入れよう」と考え、人気商品をどんどん仕入れていきます。

このように、商品販売の基本は、足し算なのです。

書籍も商品なので、通常は足し算で売っていきます。

「今は、片づけの本が売れ筋なので、そうじの本を作ろう」と出版社は考えたりします。

ところが、ベストセラーを出すには、足し算ではダメなのです。ベストセラーは、掛け算でできます。

ここでは、ベストセラーの掛け算を紹介します。

カッコに入る言葉を考えてください。

ベストセラー＝（作家の知名度）×（　　　）×（　　　）×（　　　）

作家が無名の場合は、「基本数字」を1とします。

作家が有名であればあるほど、また、ネットワークを持っていればいるほど、基礎数字は、2、3、4、5、6、7……と増えていきます。

たとえば、単行本の平均的な実売部数を3000部としましょう。

作家が無名な場合は、1×3000部＝3000部

作家が有名な場合は、5×3000部＝1万5000部となります。

たったひとつの基本が違うだけで、本の売れ行きは天と地ほども違うのです。

この数式を見て初めて本を出す人が、「私はまったく無名の新人なので、本は売れないかも」と嘆く必要はありません。別の要素で圧倒的な強みや独自性を持つものを見つけてください。

監修者に有名な方を起用するという手もあります。また、今、話題の人に推薦文を書いてもらい、それを本の帯に載せるという方法もあります。

その他にも掛け算の要素としては、こんなものがあります。

「作家の知名度」×「編集者の実力」

「タイトル」×「装丁」×「帯」

「話題性」×「出版社の営業力」

文章以外の表現方法を使った掛け算もあります。

『ダーリンは外国人』（小栗左多里著　メディアファクトリー）のように、

「エッセイ」×「マンガ化」で累計300万部以上売れた本もあります。
『図解「儲け」のカラクリ』（インタービジョン21編　三笠書房）のように、「企画」×「ビジュアル化」でベストセラーになった例もあります。

もちろん、基本的な要素も忘れないでください。
「内容のおもしろさ」×「構成力」×「文章力」などです。

1×1×1はいくら掛けても、ずっと1です。
基本数字を変えてください。
数字を1から2に変える方法を、できるだけたくさん考えて実行してください。

出版は孤独な作業と思われがちですが、私はみんなとわいわいお酒を飲みながら企画を練ることが好きです。

あなたを助けてくれる「仲間がいる」というのも、掛け算の貴重な要素なのです。

作家に書きたい本を書かせるな

「逆算方式」でベストセラーを作り出す

私の好きな作家、石黒謙吾さんは『盲導犬クイールの一生』（文藝春秋）が80万部売れ、一気にベストセラー作家になってしまった方ですが、じつは彼は、泣かせる話よりカルチャー本を書かせたら天才です。『エア新書』（学研パブリッシング）では、「もしも、この人がこんな本を書いたら売れるだろう」という設定で、いろいろな芸能人や文化人、政治家に勝手に架空の本を書かせています。

たとえば、『秘密はバレる前にバラせ』（小倉智昭著）、『参拝力』（小泉純一郎著）、『タバコは吸っていい』（加護亜依著）など、タイトルと作家のベストマッチがとても笑えます（もちろん、そんな本は実在しません）。

『エア新書』は架空のタイトルと実在の有名人を組み合わせたものですが、逆算式の本を作るときに非常に参考になります。

本の作り方には、「加算式」の本と「逆算式」の本があります。

「加算式」の本は一般的な本の作り方で、作家が書きたいように自分の本を書きます。では、「逆算式」の本とはどういうことでしょうか？

元東京都知事の石原慎太郎氏の書いた『弟』（幻冬舎）が112万部以上売れたことがあります。

この本は、最初からミリオンセラーにすることを目標として出版されました。

ここで重要なポイントは、出版社の社長が石原慎太郎氏に何度も手紙を書き、やっと本作りが承諾されると、100万部売れる企画を3本持っていったということです。

このとき、石原慎太郎氏に書きたい本のタイトルを聞いたら、『東京カジノ計画』と答えたかもしれません。でも、それは「加算式」の本作りなのです。

『東京カジノ計画』という本だったら、3万部くらいしか売れなかったかもしれません。日本国民ならば、石原裕次郎が一世を風靡《ふうび》した映画俳優であることをだれでも知っています。そして、石原慎太郎氏はその実の兄ということも……。石原慎太郎氏に書いてもらって、一番売れる本のタイトルは、やっぱり、『弟』なのです。

これが、逆算式の本の作り方です。

「作家が書きたい本」ではなく、「その作家が書いて、一番売れる本は何か？」

そこからスタートします。

この出版社は「逆算式」の本作りを、意図的に、継続的にやっています。

だから、ベストセラーを産み出す力が日本でもトップクラスなのです。

通常の本作りは、「加算式」で成り立っています。

・作家の書きたいテーマがある。↓

・作家はテーマに沿って構成を考える。↓
・作家の満足する本ができる。↓
・本が発売されてから販促活動をする。

「逆算式」は、この流れが逆になります。

・売れる本を企画することからスタートする。↓
・今が旬で、読者が最も喜ぶテーマを決める。↓
・売れる本を書ける作家を探す。↓
・読者の満足する本を作る。↓
・本が発売される前から販促プランを用意しておく。

もっとわかりやすく言うと、「加算式」とは作家ニーズの本作りのことです。「逆算式」とは読者ニーズの本作りのことです。

作家のひとりよがりの本は売れません。読者が読みたいテーマが必要なのです。

「敷居の低い本」は売れる

ベストセラーは本を読まない人が手に取ったとき生まれる

売れる本の特徴として、「敷居」が低いことが挙げられます。

さて、「敷居」とは何でしょう？

これは、本を手に取る「ハードル」のことです。内容が難しかったり、専門用語が使われていたり、上品すぎたりすると、読者が敬遠してしまうのです。

「敷居が低い本」のことを、「女性や子どもが読んでも楽しめる本」と言う方もいますが、これはけっして悪い意味ではありません。

なぜ、「敷居の低い本」は売れるのでしょうか？

ふだん、本を読まない人が本を買ったときにベストセラーは生まれるからです。

本に関心のない人が、「この本、気になるよね？」と思ったときに大ブレイクします。

「何だ、そんなことか」と、思った方もいらっしゃるかもしれません。

しかし、ふだん本を読まない人に手に取ってもらうことが、どれだけ難しいか想像してください。これは、作家が、生涯かけて追求していくことなのです。

どうしたら「敷居」は下げられるのでしょうか？

具体例で説明しましょう。たとえば、あなたの前に2冊の本があったとしたら、あなたはどちらが読みやすいと思いますか？

①『四柱推命』と書かれた本……「四柱推命」は、今から900年前に中国で誕生した占星術書です。生まれたときの干支《えと》を、年柱、月柱、日柱、時柱という4つの柱にわけて、過去、現在、未来を占う本。

②『動物占い』と書かれた本……生年月日からあなたを動物にたとえ、動物の性格か

ら対人関係がうまくいくかどうかを占う本。

動物占いは、「四柱推命」を現代的にアレンジし、占う対象の人格を、狼、猿、黒ひょう、虎、子守熊《コアラ》、ひつじ、こじか、チータ、ライオン、たぬき、ゾウ、ペガサスの12キャラクターに分類しました。

断然、『動物占い』のほうが読みやすいですよね。

内容的には、同じ骨子の本です。

私が出版に関わった本で、累計100万部近く売れている占い本があります。『動物キャラナビ』（弦本將裕著　日本文芸社）という本で10年以上売れています。「四柱推命」を本格的に理解するためには、大変な時間と労力がかかりますが、「動物占い」ならば、手軽に知りたい人間関係の一部分だけが、その場で読めてしまいます。

動物占いは「敷居」を低くする手法としては、最良のモデルケースです。「敷居を下げる」という作法を知っているだけで、あなたの本は飛躍的に読みやすくなり、たくさんの読者が手に取ってくれます。

第8章

夢をあきらめない、書き続ける

「いい本」を出してからが作家人生のスタート

吉本興業が教える「必ず芸人になれる方法」とは？

作家とはあきらめなかった人のこと

大阪のとある小学校の社会科のテストで、こんな問題が出題されました。

「大阪の主な産業は何か？」

40人学級のうち10人以上が、「吉本興業」と書いたそうです！

それくらい「お笑いのヨシモト」は大阪の街を席巻しています。

吉本興業では養成所に研修生が入所すると、初日に、「必ず、お笑い芸人になれる方法」を教えてくれるそうです。

「それは、芸人をやめないことだ。死ぬまでやり続けることだ」

作家になる方法も、お笑い芸人になる方法と同じです。

夢をあきらめないことです。死ぬまで書き続けることです。


また、苦労して1冊目の本を書いても、全然売れないこともよくあります。

しかし、落ち込まないでください。

ハードボイルド小説の巨匠、大沢在昌さんは、デビューしてからずっと、本が売れなかったそうです。11年間かけて28冊も本を書いたのに、すべて初版で終わり。作家仲間や編集者からは、「永久初版作家」と不名誉なあだ名をつけられたそうです。

そして、29冊目に『新宿鮫』（光文社）を書きました。それが数々の賞を獲《と》り、ヒットし、映画化され、累計600万部も売れて日本を代表する作家になったのです。

大沢在昌さんも、あきらめなかったから夢がかなったと言っています。

もし、あなたが物書きになろうとチャレンジして、たかだか3年や5年、芽が出ないのならば、それはまだ、チャンスが到来していないだけです。

あなたが書きたいものと読者の求めるものが一致していないだけです。

たった数年、自分の思いどおりにならないだけでくじけないでください。

作家は人生をかけて続ける価値のある仕事です。

逆に、1冊目が大ヒットしたのに出版業界から消えていく作家もたくさんいます。いきなりデビューして、いきなりベストセラーになり、すぐに消えていくのです。

なぜ、消えていくのか？　それは、下積みの経験がないためです。苦労していないから慢心したり、経験を貯蓄していないから、2作目がまるで売れないのです。

苦節10年、コツコツと積み上げてきた人は、いざ売れるようになってもすぐに消えたりしません。

お寺のご住職は、よく説法でこんなことを言います。

「100年育った木は100年、200年育った木は200年長持ちする」と。

木の年輪と同じく、作家は書き溜《た》めた原稿が年輪なのです。

「書き溜めた原稿を積み上げて自分の背丈と同じになったときがデビューの時期だ」

と言う編集者もいます。こういう蓄積のある作家は1冊目が売れても消えません。

下積みの長い作家ほど作家生命が長続きします。

小説家であり日本ペンクラブ会長の浅田次郎さんは、もともとは陸上自衛隊に入っていました。彼は自分がいつか作家デビューすることを疑わず、1冊目の本が出る前から自分が有名作家になることをイメージし、たくさんの秀作を書き溜めていたのです。

本当の「実力」とは、長い時間をかけた専門性の蓄積によって培われます。

私自身も長い助走期間があります。10年以上、週刊誌のライターをやっていました。しかし、そこで、作者目線ではなく、読者目線で文章を書くことを徹底的に叩き込まれました。週刊誌は情報を作る激戦区です。「売れる文章」を書かなければ生き残っていけなかったのです。

やがて、自分の中に目に見えないたくさんの「引き出し」ができました。そして、その「下積み時代に蓄積されたもの」が、今の私を助けてくれているのです。

「遠足で足の遅い子」が目的地に着いたら

信じ込む力が夢をかなえる

本を出せる人、出せない人の違いは「自分を信じられるかどうか」です。

どんな人が本を出せるのか、私の主宰している出版セミナーで実際にあった例を紹介しましょう（私のセミナーは『ジャイアン出版塾』と言います）。

京都から毎月、東京の出版塾に通ってきてくれるとても仲の良い夫婦がいました。

奥さんは他の塾生から、「とっこちゃん」と呼ばれて親しまれていました。

私は、内心「この2人の本が出せなかったら、どうしよう」と心配でした。

遠方から通ってきているので、毎月の交通費もばかにならない額だったのです。

さて、とっこちゃんは、教室に一番乗りし、一番熱心に講義を聞いてくれました。自分の強みの見つけ方や、プロフィールの書き方を宿題に出したところ、2週間もかけてだれよりも丁寧に書き出してくれました。

彼女が最初に見つけた自分のテーマは、「食う、寝る、出す、干す」でした。

「天気のいい日に衣類でも食器でも何でも干す」というのが彼女のUSPだったのですが、他の受講生はみんな「よくわからない」と言いました。

私は、その背後にだれかの価値観が潜んでいると思いました。

よくよく聞いてみると、とっこちゃんは「おばあちゃん子」でした。

価値観や行動が、亡くなったおばあちゃんに強く影響されていたのです。

「おばあちゃんに聞いた生きる知恵というのは『なかなかない』ことだよ。それをテーマにして本を書いたらどう？」

「わかりました！　おばあちゃんから聞いたことを本にします！」

半年間の出版セミナーが終わり、出版社の編集者の前で企画のプレゼンをしたところ、なんと、とっこちゃんも旦那さんも2人とも採用！　となりました。

私はわがことのように嬉しくなりました。

現代社会にも役立つおばあちゃんの教えを書いたとっこちゃんの本は２０１３年の秋に出版され、敬老の日の特集として朝日新聞の全国版でも紹介されました。

『99歳ちりつもばあちゃんの幸せになるふりかけ』（たなかとも著　じゃこめてい出版）

出版が決まった理由は、本を出せると信じて、愚直に努力した結果です。

私に言われたとおりにやっていれば本が出せると信じる力が現実を引き寄せました。


とっこちゃんの出版が決まったことを他の受講生に伝えると、ほとんど全員が、「えっ、とっこちゃんの出版が決まったの？」とびっくりしました。なぜ、受講生たちが驚いたかというと、彼女は「遠足で一番足の遅い子」だったのです。

私の出版セミナーは、全員が講義の内容を理解することを第一目標に進めています。そこで、もっとも習熟度の低い受講生を「遠足で足が遅い子」と仮定して、みんなで励まし合って、背中を押しながら一番前を歩いてもらうのです。

他の方のやっている出版セミナーでは、一番足の速い子に照準をあてて講義を行っているようですが、私の出版セミナーでは、真逆の基準で進めていきます。

一番足の遅い子が目的地に着けば、当然、全員が目的地に着くことができます。


彼女の出版が決まったとたん、他の受講生は急に「やばい！」と思ったようです。

「えっ、とっこちゃんに本が出せるんだったら、私も出せるに決まっている」

これが、「潜在意識の底に落ちる」ということです。

「本が出せる」と思い込むことではありません。

「出せないはずがない」と信じ込むことです。


「思い込む」と「信じ込む」は天と地ほどの開きがあります。信じ込むことです。

とっこちゃんに刺激を受け、潜在意識に「本が出せる」とインプットした塾生たちは、その後、どんどん本を書き始めました。


この年、私が行っている、出版講演会、出版セミナー、出版合宿に参加した受講生たちから続々と「出版が決まりました！」と報告がありました。その数は52人。

「遠足で一番足の遅い子」があとから来る人たちをリードしたのです。


出版に限らず、自分を信じることが夢をかなえる最良の方法です。

「いい本」は必ず、だれかが見ている

すべての職業に共通する最高の営業とは？

今、たくさんのビジネス書が本屋さんに並んでいます。「営業」というキーワードで書籍をネット検索すると、１０００冊も２０００冊もヒットします。

「こうしたらお客さんが集まってくる」とか、「こうしたら売り上げが上がる」とか、まさに百花繚乱《ひゃっかりょうらん》。１０００冊の本があったら１０００とおりの営業方法が書いてあるのです。

しかし、本当に営業本を読むだけで、営業成績はアップするのでしょうか？

私は違うと思います。その数倍優れた、もっとよい方法があります。

「究極の営業」とは「営業しない」ことです。

マーケティングとは、営業をなくすことです。
つまり、売らなくても売れるようにすることがマーケティングなのです。
では、どうすればお客さんが向こうからやってくるのでしょうか？

その答えは、とてもシンプルです。「いい仕事」をすればいいのです。

腕のいい大工さんは営業をしないそうです。
おいしいパン屋さんはチラシを配らなくても、毎日、パンが売り切れます。
蕎麦《そば》屋さんもそうです。歯医者さんもそうです。
整体院も、エステサロンも、カウンセラーも、占い師も、弁護士もそうです。
口コミでどんどん紹介客がやってくるからです。

お客さんを満足させる仕事こそ、最大の営業なのです。

出版も同じです。「いい本」を書くと、必ず、次の本につながります。

「そうは言っても、売れなければ何も意味がないよ」と言う方もいます。

しかし、どんなに売れなくても、必ず、どこかでだれかが見てくれています。その本の価値を評価してくれる人がいるのです。

『白い犬とワルツを』（テリー・ケイ著　新潮社）という本が180万部売れました。あるとき千葉県の書店の店員さんが「これはわたしが読んで感動した1冊です」と陳列している本に手作りのポップ（POP）広告をつけました。それが話題を呼び、日本では無名だったアメリカ人作家の本が全国で売れたのです。

たった一人でも感動する人がいたら、その本は売れる力を秘めています。

私はかつて、編集プロダクションの経営者として、VIPの集まるパーティーに参加し、必死に営業をしていました。

「うちは、ライターやイラストレーターなどのフリーランスが4500人も登録しています。本作りのプロフェッショナルたちがあなたの本を作りますよ」と。

パーティーに参加するたびに仕事は取れましたが、それは間違った営業でした。「労多くして益少なし」の経営状態が続きました。

私は、「いい本作りプロデューサー」として、毎年、数十人の経営者の本を作っています。そして、今では、ほぼ全員がだれかの紹介なのです。

今はインターネットでどんな情報も手に入れられる時代なので、紹介された方は私のことを調べてきてくれます。

「吉田さんがいい本を作ってくれると聞いてやってきました」

「いい本」を作ることに勝る営業はありません。

ひとりひとりの作家と向き合い、その人の幸せを最大化し、経営課題を解決する本を作り続けていった結果、「営業は不要」となりました。

これは、出版だけに限ったことではありません。どんな仕事に関しても同じです。

「いい仕事」をすれば、必ずお客さんはリピートしてくれます。

「いい仕事」をすること以上の営業はないのです。

時間もお金もかけないで「恋人」をほしがる人たち

本は作家の力で重版できる

私の周りには５００人ものビジネス作家さんがいるのですが、皆さん、「本が売れない、売れない」と口グセのように言います。

しかし、それは、単に、作家が本を売る努力をしていないだけです。

試しに、こう聞いてみるとすぐにわかります。

「本を売るために、どれだけの時間とお金をかけていますか?」

すると、「いいえ、時間もお金もかけていません」という答えが返ってきます。

時間もお金もかけていないのに、本だけは売れてほしいなんて、ずいぶん、調子のいい話ですよね。

労力やお金をかけずに望むものが得られるわけがないのです。

たとえば、「恋人がほしい」と言っている人に同じ質問をしてください。

たぶん、その人は、恋人を作るために時間もお金もかけていないのです。


私は、自分の書いた本を売るために、必死で販促をしています。

『人生の時間銀行』（吉田浩著　扶桑社）という本を出しました。

この本は、現在トータル2万8000冊売れています。時間の大切さを考える本で、ありがたいことに中学生の道徳の副教材（日本標準）にも採用されました。

この本を売るとき、ラジオパーソナリティーの小倉淳さんに1ヵ月間、毎日、本の朗読を行っていただきました。

全国のトラック運転手が、このラジオを聞いて本を買ってくれたそうです。

また、本好きで知られていた俳優の児玉清さんに帯の推薦文を書いていただきました。すでにお亡くなりになりましたが、『パネルクイズ　アタック25』で有名なあの児玉清さんです。

もちろん、小倉さんにも、児玉さんにも、きちんと謝礼をしています。

もうひとつ例を挙げましょう。NHKの大河ドラマで『天地人』が放送された年に、私はドラマの主人公、直江兼続の本を書きました。生まれ故郷の新潟県六日町で450年前に直江兼続が生まれているため、出版社から私に「本を書いてほしい」と白羽の矢が立ったのです。私は、新潟県にある404の書店を電話帳で探し、片っ端から電話をかけて、店長さんの名前を教えてもらいました。そして404店舗の店長さんすべてに、手紙を書いたのです。

「新潟県出身の作家が、郷土の英雄の本を書きました。ぜひ、この本をレジの前に並べてください」

お陰さまで、初版6500冊のこの本は新潟県で人気となり、重版《じゅうはん》が1万冊かかり、トータルで1万6500冊売れました。


私は「売れない本はない」と思っています。

「本が売れない」と嘆くのは、「作家が何もやっていない」という証拠です。

私は、自分が書いた本は100%重版させる自信があります。

それは、作家として「必ず売る」という覚悟を持っているからです。

本を書いた100人が100人とも言うこと

人生の新しい目標が見えてきた

私が本作りに関わった方は、本を出版したあとに、必ず、同じことを言います。

100人の作家が誕生したら、100人が全員、同じことを言います。

異口同音に「新しい目標が見えてきた！」と言うのです。

本を書いたことによって「ステージ」が上がったのです。

今まで見えなかったものが見えてきたのです。「ステージ」がワンランクもツーランクもアップしているから、次の目標が見えてきたのです。

私はその言葉を聞くのが好きで、30年間、本を作り続けています。

「いい本」は、作家を次のステージに連れて行ってくれるのです。

最後のほうになりましたが、私があなたに伝えたいことがひとつあります。

とても重要なことですが、ほとんどの人はふだんあまり意識していません。

それは「私たちの人生は1回きり」ということです。

人生は実験や試験ではないので、検証することも、再受験することもできないのです。

私たちが、今の時代に生まれてくる確率は、3億円もらえる宝くじに1万回、連続で当たったと同じくらい、ありえない確率だそうです。

私たちは、生まれてきたこと自体が「奇跡」なのです。

たった1回きりの人生をかけて取り組む一番おもしろい仕事が、「何かを作り出す」ことです。

ミリオンセラーになった『Ｇｏｏｄ　Ｌｕｃｋ』（アレックス・ロビラ、フェルナンド・トリアス・デ・ベス著）を仕掛けたポプラ社の編集者・野村浩介《のむらこうすけ》さんは、「創作活動ほど、おもしろいものは、世の中に存在しない」と私に話してくれました。まったく同感です。人生で一番おもしろいことは創作活動なのです。

あなたの人生の主人公はあなたです。

周りにどんな美男美女が登場しても、どんな金持ちや成功者が登場しても、あなたの人生のヒーロー、ヒロインはあなたしかいないのです。

『サザエさん』のようなホームドラマの人生を送るのも、NHKの大河ドラマのような人生を送るのも、あなたが選択することができるのです。

出版は究極の自己実現です。

アメリカの心理学者のマズローは、人間の欲求を5段階に分けました。

その最終段階が、「自己実現の欲求」です。

「自分の能力を最大限に発揮して生きる」、これが人間の究極の幸せです。

そして、それはだれでも出版によって達成できるのです。

この本を読んでくださったあなたに感謝するとともに、私、ジャイアンはいつかあなたとどこかで出会って一緒に「いい本」を作りたいと心から願っています。

地方にいる作家は「小さなクジラ」になろう

地方の作家はコミュニティを作れ

地方に住んでいる方にとって、出版は「ブラックボックス」です。

「本を書きたいんですけど、何からやっていいかわからないんです」

この質問の裏側には、たくさんの不安要素が潜んでいます。

「どこがわからないのですか?」と聞いていくと、「すべてわからない」と言うのです。

「知人が本を出版した」「けっこう、売れているようだ」「自分も本が書きたい」

「でも、どうしていいかわからない」「相談する人もいない」

「企画書の書き方もわからない」「売り込みの方法もわからない……」

出版に対する期待値は高いのですが、何もかもわからないことだらけで、不安もいっぱいなのです。それを解決する方法がわからないので、とりあえず、私の行っている出版セミナーに参加してみたというわけです。

私も新潟の田舎出身ですが、地方に住んでいる人の、この「もやもや感」は、なかなか東京に住んでいる作家には理解できません。

まず、地方の方にやってほしいのは、出版に関する正しい情報を集めることです。

「出版に関する正しい情報を集める」ことが、あなたの作家デビューを助けてくれます。この作業をすっ飛ばして企画書を書いてもかまわないのですが、「素人」が「プロ」の土俵で勝負しても、勝てないことは火を見るより明らかです。

情報の集め方は、さまざまな方法があります。

① 東京で行われている数々の出版セミナーに参加してください。

そこで、本作りの基礎知識を身につけてください。自分の本当の「強み」を見つけずに、趣味の一部だけを切り取って本を作っても意味がありません。

② すでに本を出している作家に聞いてください。

あなたより先に本を出している作家はだれでも先輩です。

その先輩にどうやったら本を出せるのかを聞いてください。

きっと親切に教えてくれるはずです。聞かないから教えてくれないだけです。

「情報は自ら動いて取りに行く」という姿勢が大事です。

③ 編集者との人脈を作ってください。

出版社選びを間違えると「いい本」でも売れなくなってしまいます。

また、出版社とあなたのテーマとの相性もあります。

たとえば、ジョーク集を出すなら中央公論新社が狙い目です。過去にジョーク集を累計で数百万部売った実績があるため、編集部も営業部も歓迎してくれるでしょう。

また、書店も過去に売れた本のイメージを持っているので、出版社の傾向に沿った本ならばどんどん売ってくれます。

④ コミュニティを作ってください。

地方の作家が中央の作家と比べて格段に弱いことが、2つあります。

ひとつは、本を売るネットワークを持っていないこと。

もうひとつは2冊目、3冊目と書くテーマを持っていないことです。

この問題を解決してくれるのがコミュニティです。

コミュニティは自分の家族を作ることと似ています。家族ですから、どんなに離れていても駆けつけてくれるし、どんなに時間が経っても応援してくれるのです。

私は、地方にいる作家に対して、「小さなクジラになってください」と呼びかけています。「小さなクジラ」とは、これからどんどん成長するという可能性の象徴です。

どんなに小さなコミュニティでもいいから、あなたが中心となって、「ひと、もの、金、情報」が入ってくるネットワークを作ってください。

自分に人脈がなかったら、最初は、他の人とコラボしてもいいでしょう。

すると、やがて小さなクジラも大海に出て大きく成長することができます。

ゴリラより怖い、わが師、寺村輝夫

作家は叱ってくれる師匠を持て

作家は、「自分の生涯の師匠」を持てたら最高に幸せです。

私の作家人生の原点は童話であり、童話の師匠は寺村輝夫先生でした。代表作は『ぼくは王さま』や『おしゃべりなたまごやき』などです。これらの『王さまシリーズ』は理論社から出版され、50年以上も読み継がれ、今でも「子どもが好きな童話ナンバーワン」の座をキープしています。

私が寺村先生と出会ったのは、童話雑誌『ＭＯＥ』の童話賞に応募したのがきっかけです。学生時代、私はＳＦ作家になりたいと思っていましたが、早川書房の『Ｓ－

Fマガジン』に何度作品を送っても不採用で、自分の才能に限界を感じていました。

ところが、偕成社の『月刊MOE童話大賞』に送った作品が入選し、6ヵ月の長期連載が決まりました。私は出版社に呼び出され、審査員であり、私の作品を熱烈に推してくれた寺村先生に会いました（『MOE』は現在、白泉社から発行されています）。

初めて会ったとき、私はその迫力に圧倒されました。

顔がまるで、ゴリラそっくりだったのです。顔はヒゲがぼうぼう、毛むくじゃらで、ギロッと人を睨《にら》みつけるような恐ろしい目力の持ち主でした。当時、大学を出ての私は違った生き物に出会ったように、一瞬、凍りついてしまいました。

寺村先生はアフリカを自分の第二の故郷と決めていて、毎年、アフリカに長期滞在し、アフリカの動物たちが出てくる童話をたくさん書いていました。

その先生が怖い顔を崩して、ニカッと笑ったかと思うと、

「吉田くん、キミは男になりなさい！」と大きな声で言われたのです。

「はぁ？」と息を吐いたきり、私は頭の中が真っ白になりました。

（男になるってどういう意味だろう？）

寺村先生は言いました。

「キミの書いているのはＳＦじゃない。童話だ。キミは童話作家になるんだ！」

このとき私が書いた小説は『秘密の13時村』というタイトルで出版されました。

「もしも、１日が24時間ではなく、25時間あったら」という設定です。

昼間、太陽が真上に来る12時から１時間だけ、村人がキツネに変身するというファンタジーで、「存在しない時間が現実にあったらどうなるか」がテーマです。

自分としてはＳＦ作品のつもりが、絶対的な確信をもって否定され、私はそのときから童話作家の道を歩むことになりました。

そして、寺村先生の童話講座に通って、またびっくりしました。

20人くらいの受講生がいたのですが、そのうち３分の１が池袋コミュニティ・カレッジに通っている童話を書きたい主婦、３分の１が当時、寺村先生が教えていた青山学院女子短期大学の女子大生、残りの３分の１が同じく寺村先生が教授を務めていた文京大学女子短期大学部を卒業した保母さんのグループだったのです。

主婦、女子大生、保母さん……。周りは女性ばかり。男性は私ひとりです。

（なるほど、これが男になれ、ということか！）

私はここでみっちりと、寺村輝夫先生に作家のイロハを習いました。講座は毎回2時間半くらいあるのですが、だいたい1時間はいつも私が叱られていました。

たとえば、童話の主人公に、「くん」づけ「ちゃん」づけをしようものなら、「大人目線の赤ちゃん童話を書くな！」と怒鳴られ、また1時間説教です。

「あらゆる読者のなかで子どもが一番残酷だ。最初の1ページでおもしろくなかったら本を閉じて、もう二度と開かない。おまえはこれからそういう日本一シビアな読者をターゲットに原稿を書いていくんだぞ！」

晩年、寺村先生は老年性脳萎縮症となり、言語障害・歩行障害が続き、硬膜下血腫が原因で、2006年、77歳で亡くなりました。

私が自分の人生で唯一、心から畏敬の念を持ったのは、寺村輝夫先生だけです。

本気で叱ってくれる師匠に出会ったことは私の人生で最も幸運なことでした。

本はこの世にいない人とも対話できる唯一の手段

これから生まれてくるだれかにも影響を与える

私がちょうどこの本を書いているときに、新潟にいる父親が亡くなりました。肺ガンです。76歳でした。

この本が出ることは入院中の父親に伝えていました。

ずっと、「本なんか書いても意味がない」と言い続けていた父ですが、出版が決まったことを伝えると、このときばかりは、うんうん、と嬉しそうに頷いてくれました。

私が最初に出した本はファンタジー童話だったのですが、父は車で町まで出て、たった2軒しかない本屋さんに行き、

「うちの息子が本を出したので置いてほしい」とお願いして回ったそうです。

この話は、ずいぶんあとから母に聞かされました。

父が亡くなる2週間前に、私は自分が過去に取材された新聞記事や雑誌を1冊のバインダーにまとめて病室に持って行きました。

しかし、それは、1行も読んでもらえませんでした。

人間は食が細くなると命も細くなります。

点滴で栄養剤だけを投与する生活が続くと、今までは毎日のように新聞を読んでいた父が、1週間後には読めなくなり、さらに1週間後には自力では立てなくなり、そして、次の週には容態が悪化して、あっけなくこの世を去ってしまいました。

この本は父親への最後の贈り物にしたかったのですが、父の死に間に合いませんでした。このとき、私はつくづく、

作家は本を書くとき、真剣に自分と向かい合わなければならないと思いました。

本は、作者の想いを次の世代につなげるものですから。

父は若いころ、土木作業員として黒部ダムの建設工事などに従事して、一家を支えました。私が幼かったころ機械に巻き込まれ、誤って右手の中指を切断してしまったこともあります。

そして、苦労して土地を買い、家を建て、山を開墾し、田畑を広げました。

私と弟が生まれ、今では孫も３人できて、農家の長男として残すものはすべて残しました。

ほんのちょっと、同世代の人よりも早くこの世を去りましたが、納得のいく人生だったのではないでしょうか。

もっといろいろなことを話す時間を持ちたかったと、今さらながら悔やんでいます。

この本を読んでもらえなかったことがたったひとつの心残りです。

本は空間的な広がりだけではなく、時間的な広がりを持っています。

過去の人と深く対話ができる唯一の手段が、本なのです。

空間的な広がりとは、距離のことです。本は全国の書店に流通します。

時間的な広がりとは、未来のことです。本は次の世代まで流通します。どれほど時間が経っても、その本と対面したとき、本は時間の壁を越え、読者に作家の意思をまざまざと語りかけてくるのです。

あなたが本を出版すると、20年経っても自分の子どもと対話できるし、50年経っても、自分の孫と対話ができます。

また、本を出すと、あなたが生きた痕跡《こんせき》を半永久的に残すことができます。なぜならば、すべての出版物は「国会図書館」に納入しなければならないと法律で決まっているからです。

あなたの書いた本は、今、この世に生きている「だれか」に影響を与えることができます。

さらに、これから生まれてくる「だれか」にも影響を与えることができます。

時間と空間を超越するのが本なのです。

最後に……「いい本」に巡り合う人を増やしたい

この本をプロデュースしてくれたのは作家の本田健さんです。

ふだん、人の本をプロデュースしていた私が、まさか、他の人から自分の本をプロデュースしてもらうとは思ってもいませんでした。

健さんとの出会いは、今から10年近く前でした。エリエス・ブック・コンサルティングの創立パーティーで、代表の土井英司《どいえいじ》さんから紹介してもらいました。

「あっ、おいしそうなおにぎりだ」と思ったのが健さんの第一印象でした。

髪型がどんぐりカットで、見事に三角おにぎりの形をしていたのです。

健さんは今も10年前と同じ髪型をしています。

私は恐れを知らない性格らしく、過去たくさんのミリオンセラー作家に講演を依頼してきました。たとえば、『さおだけ屋はなぜ潰れないのか？』（光文社）の山田真哉さん、『もし高校野球の女子マネージャーがドラッカーの「マネジメント」を読んだら』（ダイヤモンド社）の岩崎夏海さん、『3日で運がよくなる「そうじ力」』（三笠書房）の舛田光洋さんなど。

健さんにも講演を頼み、引き受けてもらいました。ところがそれがありえないくらいめちゃくちゃな講演会でした。会場は新宿NSビルの地下。500人しか収容できない会場に700人が詰めかけたのです。「やばい！」と、私は顔面蒼白になりました。ビルのロビーや控え室にあったすべての椅子やソファーを運んでも、まだ100人近くが立ち見の状態です。パニックに陥った私は講師の控え室に行き、あろうことか健さんの座っている椅子まで取り上げて会場に持っていってしまいました。講師を30分以上も控え室に立たせていたわけで、今から考えると失礼千万、打ち首ものです。

もうこれで健さんとの仲は終わりだなと、私は放心していました。しかし、彼は、「よかったですね、ジャイアン。立ち見がでるくらい盛況になりましたね」と励ましてくれたのです。

これが、健さんとの最初の講演会でした。それ以来、10回以上講演をお願いし、今では一緒に出版講演会、出版セミナー、出版合宿までやらせてもらっています。

あのとき、私は健さんの包容力と不動心に激しく打ちのめされました。

それからの私は、ちょっと、性格が変わったようです。

愛のある出版を心がけようと思いました。その証《あかし》の意味で「出版愛」という商標登録を取りました。そんな商標を取っても1円にもならないのですが、これは、「一生を出版に捧げる」という私の覚悟の表れです。

私の出版の使命は、NPO『企画のたまご屋さん』を作った10年前と同じです。

「日本中の埋もれている作家と、埋もれている企画を発掘したい」

「いい本に巡り合う人をひとりでも増やしたい」

『企画のたまご屋さん』は、この社会的意義を達成するために創設しました。

こちらは、毎朝、出版企画書を、300の出版社、1000人の編集者に配信するという出版業界ではだれもやっていない売り込み方法を実現しました。

もちろん、私ひとりでできることではありません。NPOを運営する約20名のボランティアスタッフによって、すでに、400冊以上の書籍が陽《ひ》の目を見ています。

また、『出版甲子園』は、「学生の学生による学生のための出版」を目指して創りました。学生が学生時代に、出版をとおして夢を実現する仕組みは、日本の出版史上、いいえ、世界の出版史上にも例がないのではないでしょうか。

私は、人のことになると強引にリードしていくのですが、なぜか自分のことになると遠慮して隅っこに座ってしまいます。そんな私を見て、健さんが「ジャイアンの本をプロデュースするよ」と言ってくれました。

確かに出版業界に入って30年、数え切れないくらいの本を読者のもとに届けてきましたが、自分で出版のノウハウ本を書くという発想はまるでありませんでした。

この本の最初のタイトルもテーマも、すべて、健さんからいただいています。

また、この本を作るとき、講談社の青木《あおき》肇《はじめ》さんを始め、アドバイスしてくれた朝日新聞社の古舘謙二《ふるだてけんじ》さん、ダイヤモンド社の飯沼一洋《いいぬまかずひろ》さん、土江英明《つちえひであき》さん、エデュカ株式会社の竹下光彦《たけしたみつひこ》さんに心から感謝致します。

私は、毎日、夜、わくわくして眠れません。それは、明日どんなすばらしい作家や企画に出会えるか楽しみでしょうがないからです。毎日、毎日、才能あふれるすばらしい人たちに囲まれて仕事ができて、これ以上の幸せはありません。

吉田浩（よしだ　ひろし）
出版プロデューサー、童話作家。
愛称は「出版業界のジャイアン」。
1960年、新潟県六日町（現・南魚沼市）生まれ。
幼少期は心臓が悪く、毎日、本を読んで過ごす。
新聞奨学生として大学（法政大学文学部）に入学。
ナンセンス童話の巨匠、寺村輝夫氏に弟子入りする。
自ら執筆した童話、ビジネス書は約200冊。代表作は、
『日本村100人の仲間たち』（日本文芸社）45万部。
30年間で1600冊の出版に関わる。
人生の夢は「埋もれている作家と企画を発掘する」こと。
●NPO法人『企画のたまご屋さん』創立。会長理事。
●学生によるベストセラー出版会『PICASO』創立。
●大学生による出版企画のコンテスト『出版甲子園』創立。
【出版に関わった著名人】
高見沢俊彦（THE ALFEE）　所ジョージ　片岡鶴太郎
オリエンタルラジオ　さくらももこ　反省猿の次郎
馳浩　浜田幸一　オバマ大統領　堀江貴文
竹村健一　野村沙知代　ドクター中松など多数。
【講師】早稲田大学オープンカレッジ講師。
編集の学校／文章の学校講師などを歴任。
【講演依頼】info@tensaikojo.com
【出版無料相談】consul@tensaikojo.com

本《ほん》を出《だ》したい人《ひと》の教科書《きょうかしょ》

ベストセラーの秘密《ひみつ》がここにある

2014年 4 月10日　第 1 刷発行
2022年12月 6 日　第 7 刷発行

著者……………………吉田《よしだ》 浩《ひろし》

©Hiroshi Yoshida 2014, Printed in Japan

装幀……………………重原 隆
発行者…………………鈴木章一
発行所…………………株式会社講談社
東京都文京区音羽2丁目12－21［郵便番号］112－8001
電話［編集］03－5395－3522
［販売］03－5395－4415
［業務］03－5395－3615
印刷所…………………株式会社ＫＰＳプロダクツ
製本所…………………株式会社国宝社
本文データ制作………講談社デジタル製作

定価はカバーに表示してあります。

落丁本・乱丁本は購入書店名を明記のうえ、小社業務あてにお送りください。送料小社負担にてお取り替えします。なお、この本の内容についてのお問い合わせは第一事業局企画部あてにお願いいたします。

本書のコピー、スキャン、デジタル化等の無断複製は著作権法上での例外を除き禁じられています。本書を代行業者等の第三者に依頼してスキャンやデジタル化することはたとえ個人や家庭内の利用でも著作権法違反です。複写を希望される場合は、日本複製権センター（電話03－6809－1281）にご連絡ください。Ⓡ〈日本複製権センター委託出版物〉

ISBN978-4-06-218907-1

Memo

この本を読んで気づいたこと、気になったことを
書きとめておきましょう。